La Ciencia y lo Sagrado

La Ciencia y lo Sagrado

Sabiduría eterna en un mundo cambiante

Nueva edición revisada y abreviada

Ravi Ravindra

Grupo Editorial Tomo, S. A. de C. V.
Nicolás San Juan 1043
03100 México, D. F.

1a. edición, abril 2004.

Quest Books
Theosophical Publishing House
P. O. Box 270
Wheaton, IL 60189-0270 U.S.A

Nicolás San Juan 1043, Col. Del Valle
03100 México, D.F.
Tels. 5575-6615, 5575-8701 y 5575-0186
Fax. 5575-6695
http://www.grupotomo.com.mx
ISBN: 970-666-933-7
Miembro de la Cámara Nacional
de la Industria Editorial No 2961

Traducción: Graciela Frisbie
Diseño de portada: Emigdio Guevara
Supervisor de producción: Leonardo Figueroa

Impreso en México - *Printed in Mexico*

Koham kathamidam cheti
samsâramamalamâtatam
pravichâryam prayatnene prâjñena
sahasâdhunâ

¿Quién soy yo?
¿De dónde proviene este extenso flujo cósmico?
Los sabios deberían investigar esto con diligencia,
a la mayor brevedad, mejor dicho, ahora.

(Mahopanishad 4.21)

Contenido

Prefacio

"No es una exageración decir que el curso futuro de la historia depende de la decisión de esta generación con respecto a las relaciones entre la religión y la ciencia", señaló A. N. Whitehead. Al principio, algunas personas probablemente piensen que la ciencia sólo implica conocimiento, como lo indica su etimología, y que cualquier estudio razonable y sistematizado de fenómenos es ciencia. Es fácil olvidar que existen ciertas presuposiciones en la investigación científica del mundo moderno (posterior al siglo XVI), que se derivan esencialmente de una etapa especial de la historia filosófica y religiosa de Europa, las cuales hicieron que la ciencia moderna se apartara, no sólo de las ciencias de China e India, sino de las ciencias de la Europa antigua. Estas presuposiciones contienen la esencia misma de lo que hace que cualquier cultura sea distinta de otra, es decir, temas que tratan cuestiones como el lugar y el significado que tienen los seres humanos en el cosmos, la naturaleza y los propósitos del conocimiento, la relevancia e importancia de los experimentos externos y las experiencias internas para proporcionar datos y evidencias, y el valor y significado de la fe en el desarrollo de la ciencia.

No es muy fácil llegar a un acuerdo respecto a lo que es un fenómeno, y ciertamente no lo es respecto a lo que es razonable, por consiguiente, respecto a lo que es la ciencia. Por ejemplo, en una conferencia reciente, algunos intelectuales orientales plantearon en repetidas ocasiones la cuestión de si una investigación interna sistematizada de varias energías sutiles presentes en el cuerpo humano es un estudio científico. ¿Es el yoga una ciencia? Las vacilaciones de los intelectuales occidentales en cuanto a estar de acuerdo en responder afirmativamente a esa pregunta son comprensibles, pues una ciencia no es simplemente cualquier estudio razonable y sistemático de un fenómeno, como podríamos sentirnos inclinados a pensar. Es un tipo especial de estudio que se basa en suposiciones filosóficas y visiones del mundo identificables, el cual requiere de evidencia externa que sea independiente del nivel de desarrollo espiritual del investigador, y que sea susceptible de repeticiones, predicciones y control.

Estas consideraciones y dificultades, relacionadas con la naturaleza de la razón y la racionalidad específica en que se basan los procedimientos científicos, tienen que ver con la importantísima cuestión de la relación que existe entre la ciencia y el espíritu. Por supuesto, es incluso más difícil definir con claridad lo que es el espíritu. Sin embargo, aquí se podría hacer una afirmación: el conocimiento tradicional afirma que el espíritu es superior y anterior al cuerpo y a la mente, lo que en ocasiones sólo se llamará "cuerpo" para simplificar las cosas. Aunque varias tradiciones espirituales podrían expresar el concepto en forma diferente, todas entienden y apoyan la esencia de esta propuesta: "En el principio existía el Espíritu".

Es necesario hacer dos comentarios estrechamente relacionados sobre la diferencia entre la perspectiva "espiritual" y la "científica", recordando las dificultades relacionadas con este tipo de generalizaciones. En primer lugar, la mayoría de las tradiciones espirituales afirman que "el espíritu es quien tiene al cuerpo". Por otra parte, desde el punto de vista científico, si se puede hablar del espíritu en grado alguno, sólo se podría decir que "el cuerpo tiene al espíritu". Estas afirmaciones implican vastas diferencias filosóficas y culturales. En segundo lugar, por lo general, la motivación científica de cualquier investigación sobre la relación entre la ciencia y el espíritu parece ser, "¿cómo puede utilizarse la energía espiritual para tener una ciencia de mejor calidad que lleve a una tecnología más útil?" Por otra parte, el punto de vista espiritual parece ser: "¿Cómo puede la ciencia o cualquier otra cosa servir el espíritu?"

Podemos estar felizmente de acuerdo en que el espíritu es universal, no sectario y no está restringido ni al oriente ni al occidente. La espiritualidad no está limitada por divisiones geográficas, históricas o sectarias. También es claro que la espiritualidad no tiene mucho que ver con el sistema de creencias, ni con la teoría, los argumentos y las pruebas teológicas, ni con el evangelismo entusiasta. Es ante todo una cualidad de ser, que se refleja en la tranquilidad del cuerpo, en la generosidad emocional y en la compasión, al igual que en la claridad y serenidad mentales: una cualidad que representa una mayor evolución del ser humano. La espiritualidad se relaciona con un nuevo nacimiento, una transformación de la conciencia , o una elevación del nivel consciente. Todo esto nos lleva a una persona diferente que nace y manifiesta una nueva modalidad de vida, la cual casi representa una especie diferente.

En cada aspecto de un ser humano, existe una amplia gama de variación y calidad. La capacidad intelectual va desde el retrasado mental hasta el genio. La fuerza y flexibilidad física van desde una persona enfermiza hasta un atleta. En el campo de la espiritualidad, las variaciones son más sutiles y profundas, pues tocan el centro mismo de la persona y su destino e importancia. La profundidad espiritual no tiene que ver con logros especiales; se relaciona con la calidad de la totalidad de la persona y con la cercanía al espíritu.

En vista de lo anterior, no es sorprendente que los sabios, los santos y los místicos tengan muchas dificultades para comunicarse con otros seres humanos sobre sus experiencias espirituales. Prácticamente son, ni más ni menos, las dificultades implícitas en una comunicación entre una especie y otra. No obstante, casi todas las tradiciones espirituales afirman que todos los miembros de la especie *Homo sapiens* tienen el potencial de estar en contacto con facultades que son específicamente espirituales (diferentes a las facultades mentales, emocionales o físicas) y que estas facultades, aunque no se hayan desarrollado, en cierta medida corresponden a lo que los sabios han dicho sobre ellas. Por tanto, incluso cuando no comprendamos por completo lo que dicen los sabios, nos es difícil ignorarlo totalmente; es algo como un susurro en nuestros oídos, en ocasiones muy a pesar de nosotros mismos.

Para entender a los sabios y entender las escrituras a nivel espiritual, necesitamos sufrir un cambio de ser o un renacimiento o purificación de nuestras percepciones. Una comprensión intelectual y física (es decir científica) no necesita transformación alguna de nuestro ser ni puede llevar a dicha transformación. Una persona no llega a ser un sabio con el conocimiento científico sobre personas que tienen conocimientos espirituales, ni mediante un conocimiento teórico del espíritu.

Si se toma en serio la noción de lo espiritual y las posibilidades correspondientes de iluminación, libertad o salvación, entonces lo que es espiritual es casi por definición, al igual que por un consenso universal, de nivel superior que lo intelectual. El intelecto está contenido en el ser, como parte de un todo, y no lo opuesto.

Existen muchas perspectivas desde las cuales se pueden explorar los problemas entre la ciencia y la espiritualidad. El autor de este libro desea permanecer fiel al discernimiento universal y las afirmaciones de los místicos y otros maestros espirituales de que el espíritu es superior a la mente. Por supuesto, se han utilizado muchas otras palabras además de "Espíritu" para indicar una Realidad Superior, por ejemplo Dios, Brahmán, el Único, Tao, la Mente Buda, y otras similares. Además, se ha dicho universalmente que para llegar a conocer esta Realidad Superior, se requiere una transformación de todo el ser de quien busca este conocimiento, con el fin de subyugar y tranquilizar a la mente de modo que pueda reflejar, sin distorsión alguna, lo que producen el miedo y la fantasía.

Haciendo una paráfrasis de San Pablo (1 Corintios 2.11 -4), puede decirse que la mente puede entender todas las cosas de la mente, pero sólo el espíritu puede entender las cosas del espíritu. Es esta parte espiritual de la persona lo que necesita cultivarse en beneficio del conocimiento espiritual. En algunas tradiciones, esta parte espiritual, que como una brújula magnética siempre trata de orientarse hacia el polo norte del espíritu, se llama "alma". Ella por sí sola, cuando se le cultiva apropiadamente, puede abarcar y corresponder al espíritu suprapersonal y universal. Cualquier otro tipo de conocimiento podría ser sobre el espíritu, pero no se puede considerar que el tenerlo es conocer al espíritu.

Si se requiere una clasificación para el enfoque que se tiene en este libro, no es "filosófico", "histórico" ni "científico"; es ante todo espiritual, con toda la vaguedad y necesidad de explicaciones que esto implica, y le da prioridad al espíritu. En esta perspectiva, la pregunta no puede ser: "¿Cómo puedo tomar posesión del espíritu?" La única pregunta real y digna es: "¿Cómo puede el espíritu tomar posesión de mí, y conmigo, de mi ciencia?" Tal actitud de humildad espiritual no es ajena a los científicos; pues para algunos de los más grandes entre ellos, la ciencia en sí ha sido un sendero espiritual, un camino para encontrar los secretos del Antiguo, como dijo Einstein.

RAVI RAVINDRA

Reconocimientos

El autor expresa su agradecimiento a una Confraternidad Superior del Instituto Shastri Indo-Canadiense y a un Grupo del Consejo de Investigación de Ciencias Sociales y Humanidades de Canadá por el artículo "La ciencia y la tecnología occidental y la tradición intelectual de la India". También expresa su agradecimiento por la hospitalidad del Departamento de Religión de la Universidad Punjabi en Patiala, y del Instituto Indio de Estudios Avanzados, Shimla. El profesor T. R. V. Murty fue muy generoso con su tiempo en Varanasi y muy paciente con las preguntas que se le hicieron sobre las filosofías de la India.

Algunas de las ideas de "Experiencia y experimento; una crítica del conocimiento científico moderno" surgieron como respuesta a varios comentarios de los profesores Eugene P. Winger, John A. Wheeler, Thomas S. Juhn y Walter Kaufman en seminarios o discusiones privadas cuando el autor era visitador en la Universidad de Princeton en el Programa de Historia y Filosofía de la Ciencia, en un Grupo de estudios posteriores al doctorado de un Consejo Canadiense en 1968-69. Gran parte de esto se escribió de 1973 a 1974 en la Universidad de Columbia, donde estuve como erudito visitador en el campo de la religión en una Confraternidad de Estudios Interdisciplinarios auspiciada por la Sociedad para la Religión en la Educación Superior. Una versión anterior de este ensayo se presentó, en una forma considerablemente distinta, en una reunión de la Sociedad Canadiense para el Estudio de la Religión, en Toronto, en mayo de 1974. Tuve el beneficio de mis charlas con el profesor W. Nicholls de la Universidad de Columbia Británica, con el Sr. Arvid Sharma de la Universidad de Harvard y con los profesores Wilfred Cantwell Smith, A. Hilary Armstrong y Robert H. March de la Universidad Dalhousie. La ayuda editorial de mi amigo Robert L. McWhinney fue de gran ayuda. Expreso también mi agradecimiento por el apoyo económico de la Universidad Dalhousie.

El autor está muy agradecido con John Algeo por encargarse de la edición y la selección de material en las publicaciones originales con el fin de producir esta versión abreviada y más accesible.

Capítulo uno

Sabiduría antigua en un mundo cambiante

En un relato sufí, Jesús, hijo de María, conoció en una montaña a un anciano que vivía a la intemperie sin protegerse contra el calor y el frío. "¿Por qué no te construyes una casa?", le preguntó Jesús.

"Oh Espíritu de Dios", contestó el anciano, "los profetas que te precedieron predijeron que yo viviría sólo setecientos años, por lo tanto, no tiene sentido establecerme".

Este relato, narrado por Safuri, un escritor del siglo XV, es un buen recordatorio de que el tiempo y el cambio son asuntos bastante relativos. Para el anciano de la montaña, setecientos años era muy poco tiempo, mientras que para nosotros, gente de los tiempos modernos, sería mucho. Quizás el anciano tenía la perspectiva de una eternidad ilimitada, que reduce la magnitud de todo lo relacionado con el tiempo, sin importar lo duradero o lo valioso que sea. Nosotros, por otra parte, medimos de acuerdo a la cantidad de cambios que se apiñan en una unidad de tiempo. Juzgamos, incluso a la eternidad, mediante los estándares de los cambios interesantes en el tiempo. ¡Nos atrevemos a desear una vida eterna cuando una tarde de domingo pasa demasiado lentamente para nosotros!

No obstante, tal vez el anciano del relato malentendió la naturaleza de la *eternidad* en contraste con el *tiempo.* Tal vez pensó en la vida eterna como una vida de duración ilimitada, como un tiempo que dura por siempre, y no como un estado de ser en el tiempo que va acompañado por las cualidades de la percepción y el amor. Vale la pena dedicar algo de tiempo a considerar la eternidad. *Eternidad*: casi no podemos pronunciar la palabra sin maravillarnos, sin reflexionar y sin experimentar un silencio interior. Siempre que nuestra contemplación se hace más profunda y nuestro pensamiento madura, lo que le preocupa a las personas serias es la eternidad. Pero la atracción del tiempo, incluso en relación con la eternidad, es muy fuerte.

El las últimas páginas de la novela de Herman Hesse, *El lobo estepario*, encontramos el siguiente diálogo:

> —El tiempo y el mundo, el dinero y el poder pertenecen a la gente pequeña, la gente poco profunda. A los demás, a los hombres de verdad, no les pertenece nada. Nada sino la muerte.
>
> —¿Nada más?
>
> —Sí, la eternidad.
>
> —¿Quieres decir un nombre y la fama en la posteridad?

> —No, Lobo Estepario, no la fama. ¿Tiene eso algo de valor? ¿Y crees que todos los hombres auténticos y verdaderos han sido famosos y los ha conocido la posteridad?
>
> —No, claro que no.
>
> —Entonces no es la fama. La fama existe en ese sentido sólo para los maestros de escuela. No, no es la fama. Es lo que yo llamo eternidad. Los piadosos la llaman el reino de Dios. Me digo: todos los que hacemos demasiadas preguntas y tenemos una dimensión en la cual demasiadas personas no podrían seguir viviendo en absoluto si no hubiera más aire que respirar excepto el aire de este mundo, si no hubiera una eternidad detrás del tiempo; y este es el reino de la verdad.

En este pasaje, vislumbramos dos conceptos distintos de eternidad. Uno es una continuación del tiempo; esta eternidad significa por siempre, interminable, sin interrupciones en el tiempo, incesante, que dura por siempre. Es en esencia una noción lineal en la que el tiempo es una extensión cuantitativa del infinito. Esta es la manera en que comúnmente se comprende la palabra, lo que se expresa ingeniosamente en un libro de cocina: “Eternidad: ¡dos personas y un jamón!”

En la segunda comprensión, a diferencia de la primera, existe una diferencia cualitativa entre el *tiempo* y la *eternidad*. *Eterno* es, por tanto, *carente de tiempo*, no en el sentido de que ocurra en cero tiempo, de manera instantánea, sino más bien en el sentido de que pertenece a una dimensión de ser (que incluye la capacidad de estar consciente y la percepción) y es distinta a la del tiempo. Esta eternidad es un atributo de ser, pero no es un concepto, sencillamente porque la mente opera sólo en el tiempo. Uno no puede pensar en eternidad o en algo carente de tiempo; como lo expresó Kant hace mucho tiempo, y muchos otros antes y después de él. Jiddu Krishnamurti (*Comentarios sobre el vivir*) dijo con toda razón: "El pensamiento no puede conocer lo que carece de tiempo; no es una adquisición posterior, un logro posterior; no existe un movimiento hacia eso. Es un estado de ser en el cual el pensamiento, el tiempo, no existen".

El durar por siempre y el carecer de tiempo son dos comprensiones de lo que es eterno; y están en esferas distintas de experiencia. El durar por siempre no es carencia de tiempo. Algo que dura por siempre sigue estando dentro de la dicotomía de lo finito y lo infinito, mientras que el carecer de tiempo trasciende esta contradicción, pues la categoría del tiempo no se aplica a esto (Ravindra, "¿Es lo eterno algo que dura por siempre?").

Sabiduría antigua

¿Por qué todos nos interesamos en la sabiduría antigua? ¿Es nuestro interés como el de los anticuarios? ¿Es chauvinista? ¿Es algo verdadero ante todo o por el sólo hecho de ser antiguo? Sin duda, en la antigüedad y en diversos lugares se expresaron grandes verdades. Pero naturalmente, también se pueden expresar grandes verdades en la actualidad o en el futuro.

Imaginar que no puede existir una revelación nueva o una nueva manifestación de la divinidad, u otras expresiones más profundas de la verdad, basándose en cierta teoría de ciclos de tiempo o *yugas*, o basándose en la revelación, es establecer límites poco deseables a las emanaciones creadoras del Espíritu Santo. El hecho de que la mayoría de los seguidores de las grandes religiones y los grandes profetas se hayan comportado como si el Espíritu Santo de hecho tuviera tales límites, es una expresión de una mentalidad humana ordinaria, que desea poseer cierta forma de Verdad; a pesar de la presencia de una gran sabiduría en todo momento.

Cuando hablamos de "sabiduría antigua", el énfasis no necesita estar en la palabra "antigua". Por supuesto, las verdades que se han resistido a las pruebas del tiempo se recomiendan en forma natural. Una y otra vez, en diversas formas y con cambios de énfasis, algunas verdades se vuelven a descubrir y a expresar. Por ejemplo, la verdad de que los principios de operación más importantes del mundo, al menos en el nivel humano, son el miedo y el anhelo, se ha expresado en muchas ocasiones y por boca de muchos grandes maestros. En cada ocasión el énfasis es un poco distinto: A veces se dice que la raíz de nuestro sufrimiento interno y externo son nuestros miedos y anhelos; a veces nuestro yo inferior, la voluntad del yo o el ego se identifica con esto, como algo diferente al verdadero "yo", Atman o

Identidad. Pero en todo caso, el hecho de que lo que nos impulsa es el miedo y el anhelo sigue en pie. Es una verdad perdurable sobre nosotros mismos; es una verdad eterna, en uno de los sentidos de esa palabra que se mencionaron antes.

Sin importar cuanto cambie el mundo, la verdad sobre el miedo y el anhelo sigue en pie, simplemente porque se refiere al nivel cosmológico de nuestro mundo y proporciona su nexo psicológico. Sin importar cuantos cambios acelerados y maravillosos hayan ocurrido, y sin duda ocurrirán en los campos científico, tecnológico y sociológico en el futuro, esta verdad permanecerá como una verdad sobre nosotros mismos. Y siempre que se pide o incluso se obliga a los más eruditos e innovadores de entre nosotros, o a los no tan eruditos o modernos, que se observen a sí mismos con seriedad, vemos esta verdad. No importa si nuestros paradigmas científicos son los de Newton o los de Einstein, si son holográficos o de otra naturaleza, esta verdad no cambia; define nuestro mundo y el principio básico de acuerdo al cual opera.

Lo que tampoco cambia es nuestro deseo de liberarnos de nuestros miedos y anhelos; que a menudo se sienten ligeramente, en ocasiones se sienten con fuerza, y rara vez se abordan como un proyecto práctico. No sabemos qué más podría ser, aparte de estos dos factores; nos aferramos a la seguridad de esta playa, pues tal vez no exista ninguna otra. Recorremos esta playa de arriba abajo, recogiendo esta o aquella piedrecilla para examinarla, cambiando este o aquel paradigma.

Claro que, a su propio nivel, no hay nada malo en esta playa; también es necesaria. No tiene nada de malo el gozo que experimentamos al cambiar el escenario científico y tecnológico; después de todo, este mundo en sí, es un mundo de acción. Sin embargo, surge la pregunta: ¿Con qué nivel de ser, es decir, con qué grado de libertad del miedo y el anhelo, se involucra uno con el mundo y sus diversas y maravillosas actividades? Todas las actividades: científicas, artísticas, sociales y de otra naturaleza, reflejan nuestro nivel de ser, nuestros miedos y medios de protección, nuestros anhelos y medios de gratificación. Pero, como el Lobo Estepario, algunos de nosotros "tenemos una dimensión de más", una dimensión que no se opone a la del tiempo y la acción, sino que es diferente a ella, la dimensión de la eternidad y el ser.

> La curiosidad de los hombres indaga en el pasado
> y en el futuro
> y se aferra a esa dimensión. Pero captar el punto
> de intersección entre lo que carece de tiempo y el
> tiempo, es una ocupación digna de un santo...
> No es una ocupación, sino algo que se da y se
> toma
> en la muerte de una vida en el amor,
> en ardor, la generosidad y la entrega de uno
> mismo.
> Para la mayoría, sólo existe el momento
> al que no se presta atención, el momento de
> entrar y salir del tiempo.
> La distracción cabe y se pierde en un rayo de luz
> solar,

en el tomillo silvestre, o en el relámpago invernal
en la cascada, o en la música que se escucha en lo profundo
y que no se escucha en absoluto, pero tú eres la música
mientras dure la música. Estos sólo son indicios y suposiciones,
indicios seguidos de suposiciones, y el resto
es oración, observancia, disciplina, pensamiento
y acción.

(T. S. Eliot, "Los salvamentos secos")

El principal interés de la sabiduría, que en sí carece de tiempo pero que ha existido desde la antigüedad, es el punto de intersección entre lo que carece de tiempo y el tiempo. No se opone al tiempo ni a lo que se relaciona con el tiempo. Como lo expresa brevemente Maitri Upanishad (6.15): "En verdad existen dos formas de Brahmán (lo Vasto y lo Real), Kala (el tiempo) y Akala (el carecer de tiempo)". La sabiduría se ocupa de liberarnos de la sujeción del tiempo, del condicionamiento del pasado y de las imaginaciones del futuro. En ese estado de ser, uno puede actuar con libertad y sin ataduras en el tiempo, y darse cuenta de que el Nirvana es *kalavimukta*: Nirvana es estar libre del tiempo. Por tanto, la sabiduría, ya sea antigua, moderna o futura, actúa en el tiempo para ayudar en la transformación de cualquier individuo que desee, sea capaz y esté dispuesto a pagar el precio, de tal manera que puede actuar en el tiempo estando anclado en la eternidad. ¡El dios azul de la misteriosa vastedad, que en ocasiones recibe el nombre de Krishna, hace el amor con la pálida Radha del tiempo, y la fecunda con la multiplicidad y la decora con ornamentos maravillosos!

Fácilmente podemos ver la razón por la cual tantas tradiciones espirituales, que como es natural se ocupan de la sabiduría, ponen tanto énfasis en estar atentos al momento presente, en estar aquí y ahora. "Ahora" es el punto de intersección entre el tiempo y la eternidad. "Si consideramos que eternidad no significa duración temporal infinita, sino carencia de tiempo, entonces la vida eterna pertenece a quienes viven en el presente" (Wittgenstein, propuesta 6.4311). En la práctica, uno ve la dificultad de permanecer en el presente, el ahora eterno, ante el fuerte dinamismo del tiempo. El arma más potente que posee Mára (el tentador mortífero) en su guerra contra todo el que desee despertar del sueño hipnótico en el que vivimos todos debido a los miedos y los anhelos, es el tiempo, el poder temporal y las hechizadoras imaginaciones que nos alejan del ahora y de lo real. Este concepto se ilustra con un diálogo entre un monje y un maestro de Zen:

> *Monje*: ¿Existe una manera especial de trabajar en el Tao?
>
> *Maestro*: Sí, la hay.
>
> *Monje*: ¿Cuál es?
>
> *Maestro*: Cuando uno tiene hambre, come. Cuando está cansado, duerme.

Monje: Eso es lo que hacen todos; ¿es su camino igual al nuestro?

Maestro: No es igual.

Monje: ¿Por qué no?

Maestro: Cuando ellos comen, no sólo comen, sino que tejen todo tipo de imaginaciones. Cuando duermen, dan rienda suelta a mil pensamientos ociosos. Esa es la razón por la que su camino no sea mi camino.

Mundo cambiante

Vivimos un momento de grandes oportunidades; es difícil permanecer con un punto de vista estrecho. En la actualidad se necesita cierta clase de indiferencia e inseguridad para que quienes vivimos en la aldea global ignoremos la existencia de otras grandes culturas. Existen diversas formas de abordar la realidad: otras religiones, otro tipo de música, otras sensibilidades visuales, otras maneras de pensar, todas ellas muy distintas a lo que estamos acostumbrados. Algunas son distintas en sus raíces, otras sólo lo son parcialmente. En algunas, se han hecho las mismas preguntas, pero con énfasis inesperados; en otras, se han planteado preguntas totalmente distintas. Algunas personas educadas en otras culturas se preguntan por qué nos preocupan las preguntas que planteamos y las prácticas que seguimos.

En menor escala, por supuesto, siempre ha existido esta variedad. Han existido otros pueblos, mucho más inteligentes y serios que nosotros, cuyos intereses e ideales han sido distintos a los nuestros. No obstante, para muchos de nosotros, nuestro vecindario se ha extendido muchísimo, y nos ha puesto en contacto con diversas maneras de ser en el mundo y con otros puntos de vista a los que han dado forma diferentes entornos, historias, lenguajes y tradiciones. Por esa razón, es más necesario un cuestionamiento personal que sea fundamental y radical, y que tal vez sea más fácil.

Si no descartamos a quienes son diferentes a nosotros simplemente por ser estúpidos, insensibles, descarriados, o por estar condenados, nuestro exilio autoimpuesto sólo podría justificarse por nuestra ignorancia, por una convicción de que ya poseemos la verdad última o la manera de llegar a ella, o por falta de energía y de un verdadero deseo de examinar y entender nuestra propia cultura, y en consecuencia a nosotros mismos. Difícilmente podríamos conocernos a nosotros mismos estando aislados de otros; difícilmente podríamos conocer nuestra propia cultura, en lo que se refiere a sus suposiciones y sus intereses, sin tener un encuentro con otra culturas. Tanto entre individuos como entre culturas: el verdadero conocimiento del otro y por tanto de uno mismo, surge y florece en gran medida en un estado de amor. De otra manera, es difícil escapar del control encubierto de otros sobre uno, ya sea que ese control y manipulación sean religiosos, económicos o conceptuales.

Lo que es verdad respecto a otros seres humanos y otras culturas, también es verdad respecto a otras épocas. En medio del pluralismo cultural de nuestros días, en el que están disponibles libros de texto, prácticas y técnicas de todo nivel, y de diversas culturas, es fácil perder la objetividad respecto a uno mismo o respecto a otros. Obviamente sería absurdo suponer que nosotros poseemos la verdad y los demás no. De manera similar, aunque es evidentemente absurdo imaginar que la sabiduría empezó con Copernico (en una ocasión, un conocido científico me preguntó sorprendido: "¿Quieres decir que no empezó con él?") como si los antiguos hubieran sido salvajes, ciertamente es romántico imaginar que todos los antiguos estaban llenos de sabiduría y armonía, pero que nosotros la hemos perdido toda.

Es posible concentrarse en una visión macroscópica de otra cultura o época y compararla con una visión microscópica personal. De manera similar, uno puede tener una imagen ideal de otra religión y ponerla en contraste con la realidad de su propia religión. Esta perspectiva indica falta de apreciación de la seriedad de nuestras dificultades humanas ordinarias, al igual que de la escala de fuerzas que están actuando. Esta visión puede llevarnos a pensar que la transformación de nuestros días, de nuestras culturas o de nosotros mismos puede hacerse con rapidez, arreglando esta o aquella falta, de la cual nos hemos dado cuenta al compararnos con otros.

Los seres humanos de todas partes, de todas las épocas y de todas las civilizaciones parecen estar constantemente sujetos a grandes fuerzas, que cruzan en una y otra dirección sus tendencias descendentes y ascendentes, y sólo en ocasiones son elevados por los espiritualmente sabios que entienden su misión, que implica esfuerzo y sufrimiento, con el objeto de mantener el orden cósmico correcto.

Lo que ocurre en nuestra época y en nuestra cultura, ha ocurrido en otras: Ellas también, en sus mejores momentos, respondieron al llamado de las alturas; y exactamente como nosotros, muy a menudo han olvidado la flama de la verdad, han repetido rituales y lemas en forma mecánica, han dado rienda suelta a sus pasiones más bajas y han vivido exiliados de la gracia. Hubo entre ellos algunos, como los hay entre nosotros, que afirmaban tener posesión exclusiva de la verdad o de la salvación. Pero también, hay otros entre ellos tan obviamente sabios, compasivos y previsores que merecen nuestra atención y nuestro respeto.

Además del pluralismo manifiesto de nuestra época, una característica saliente del mundo contemporáneo es la yuxtaposición sin coherencia. Todas las cosas, todas las enseñanzas y toda la información está al alcance de todos, pero no sabemos cuál es su verdadero significado o su lugar correcto. En medio de una total disponibilidad de todo, existe un desorden total, tanto en lo externo como en lo interno. El desorden externo es en gran medida un reflejo de nuestro desorden y caos internos. Una manifestación de nuestra incoherencia interna es que en ocasiones valoramos demasiado y en ocasiones muy poco, tanto a otros, que son de épocas o culturas diferentes, como a nosotros mismos.

Los estilos culturales van y vienen; nosotros acumulamos más o menos conocimientos sobre esto o aquello; vivimos un poco más o un poco menos. Nada de esto tiene mucha importancia. La profundidad está por completo en otra dimensión. Ciertamente existen estilos culturales, formas institucionales o variedades educativas que pueden más o menos conducir a cierta profundidad, mientras que otras lo hacen en menor grado. Pero la calidad de esta profundidad, o la falta de comprensión de ella, o la conspiración de la sociedad en general al evadirla, no son esencialmente diferentes en la actualidad que en los días del Buda o de Cristo, tampoco son diferentes en América que en China. Están íntimamente conectadas con la condición humana que es casi universal: nuestro deseo persistente de vivir en un sueño sobre nosotros mismos y sobre otros.

Todas las reformas sociales parecen ser en esencia intentos para arreglar de nueva cuenta el contenido de nuestros sueños, alterando las instituciones sociales que mantienen un conjunto específico de estos sueños para unidades culturales de mayor o menor tamaño. Las diferentes unidades culturales tienen sueños diferentes, algunos más agradables que otros, pero de todos modos son sueños. Lo que se necesita es cuestionar estos sueños, cuestionar el estado mismo de estar soñando, cuestionarnos a nosotros mismos por completo en relación al cosmos, a otras personas, y ante todo en relación con nosotros mismos.

Tal cuestionamiento es demasiado radical para soportarse por mucho tiempo; *radical* en el sentido literal de la palabra, es decir, en lo que se refiere a sus raíces: las raíces de mi existencia, las raíces de mi ser, y las raíces de mis posibilidades. Como deseamos escapar de las profundidades radicales, nos dedicamos a arreglar una y otra vez la superficie. Para no captar con claridad lo huecos que estamos, nos dedicamos a reformar a otros y no a darnos cuenta en nuestro interior de que en un nivel muy fundamental, uno no conoce y no puede conocer, siempre que uno sea lo que es.

La pregunta más importante tiene que ver con el ser más que con el saber, con la transformación más que con la información, con la libertad de nosotros mismos, de esa parte de uno mismo que participa en el sueño social y por consiguiente vive básicamente de acuerdo con los principios operativos de la sociedad; es decir, premio y castigo, deseo y miedo.

El mundo y los tiempos en ocasiones serán mejores y en ocasiones peores, pero siempre estarán cambiando. Regresando al pequeño relato del principio de este capítulo, el hecho de que el tiempo sea corto o largo no tiene importancia. Lo que importa es cómo es uno ahora. ¿Desde qué profundidad de su interior trabaja con lo superficial? En parte, la sabiduría no consiste en construir una casa psicológica mientras se construye una casa física. Continuamente debemos alcanzar un orden interno correcto y una verdadera libertad, de un ahora al siguiente ahora, y estos no persisten en el tiempo como un dinamismo continuo del pasado al futuro.

Hace mucho tiempo, y en la actualidad, Krishna y Radha tienen su hogar a la orilla de un río. Un día reciben un mensaje de que el sabio Durvasa, bien conocido por sus austeridades y sus malas pulgas, está al otro lado del río con mil de sus seguidores, exigiendo ser alimentados. Como buenos administradores, Krishna y Radha hacen lo que les corresponde en cuanto a mantener el orden *(dharma)* y preparar alimentos para los mendigos. Cuando Radha está lista para llevar los alimentos al otro lado del río, se da cuenta de que el río está muy crecido y se pregunta cómo podrá cruzarlo. Krishna le dice: "Ve al río y dile: 'Si Krishna es eternamente célibe, oh río, cálmate'". Rhada conoce a la perfección el poder de decir la verdad; ¿pero es esto una verdad? Más que nadie, ¡ella debe saberlo! Sonríe para sí misma, va al río y le pide que se calme si Krishna es eternamente célibe. El río se calma. Ella lo cruza y le lleva alimento al sabio Durvasa, que está muy complacido y come con apetito, al igual que sus discípulos. Cuando llega el momento en que Radha debe regresar, de nuevo ve el río muy crecido y le pide ayuda al sabio. El sabio le dice: "Ve al río y dile: 'Si Durvasa está ayunando eternamente, oh río, cálmate'". Radha acababa de ver comer al sabio. Sonríe para sí, va al río y le pide que se calme si Durvasa está ayunando eternamente. El río se calma y Radha regresa a casa con Krishna.

Capítulo dos

La ciencia moderna y las tradiciones espirituales: Una perspectiva de la India

Si la ciencia moderna de occidente fuera el único camino a la verdad, ¿por qué nos molestaríamos en saber qué se puede aprender de la India, de China o de las culturas islámicas?

La ciencia moderna no es la única ruta a la verdad. Las grandes tradiciones espirituales de todo el mundo tienen otras perspectivas respecto a la realidad que se basan en percepciones directas e intuitivas que se tienen en estados purificados de conciencia, los cuales la ciencia ignora o niega. Entre las percepciones que se alcanzan en esas tradiciones espirituales, está el hecho de reconocer que existen niveles superiores al de la mente, que se pueden experimentar pero no es posible conocerlos a través de una modalidad de conocimiento que separa el objeto del sujeto. El estado de conciencia en el que es posible tener ese discernimiento intuitivo requiere de una transformación radical del ser que se logra a través de disciplinas espirituales como el yoga. El yoga también nos lleva a una teoría y práctica de ciencia natural que se basa en principios que son fundamentalmente diferentes a los de la ciencia occidental moderna.

Cuando hablamos de una cultura grande y vasta como la de China o la de la India, esperaríamos encontrar en ella todo lo que los seres humanos han pensado, sentido y puesto a prueba en cualquier otro lugar del mundo. Entonces, al hablar de ciertos aspectos específicos de una cultura, no estamos diciendo que no existan también otras cosas. Sin embargo, las grandes mentes de cada cultura continuamente regresan a ciertos discernimientos centrales o verdades esenciales, que son lo que define el corazón de esa cultura.

También es útil recordar que los grandes discernimientos centrales de una cultura son sólo parte de las muchas fuerzas que operan en los seres humanos de esa cultura. Otras fuerzas (de la historia, la política y la economía, de la ambición, el miedo y el espíritu de competencia del ser humano) siguen operando cuando están presentes estos grandes discernimientos.

Ninguna cultura tiene el monopolio de la sabiduría ni de la estupidez. Al considerar las grandezas específicas de una cultura en particular, no debemos imaginarnos que sólo debe emularse una cultura y que las demás pueden abandonarse. El Buda hizo un comentario muy adecuado a este respecto: "No es adecuado que una persona sabia que se atiene a la verdad llegue a la conclusión de que 'esta es la Verdad, y ninguna otra cosa lo es'".

No existe nada que sea definitivamente irreconciliable entre el Oriente y el Occidente, pues los seres humanos que crecen en una cultura pueden, en un nivel profundo, comprender otra cultura. En un nivel profundo, los seres humanos pueden estar libres de los prejuicios y las tendencias de su propia cultura. Sin embargo, tal libertad requiere que uno descubra y opere a partir de estratos muy profundos de conciencia. Y tal descubrimiento a su vez requiere una libertad, compasión y sabiduría inmensas, que sólo se pueden esperar de muy pocos individuos.

Existen varios discernimientos que comparten todas las grandes tradiciones espirituales del mundo. Aunque aquí se enfatiza la cultura de la India con el fin de tratarla en detalle, vale la pena mencionar unos cuantos puntos que comparten todas las tradiciones espirituales, pero que la ciencia moderna ignora o contradice. (Ravindra, *Ciencia y espíritu*, en especial los capítulos 1, 4 y 5; Nasr, *El encuentro del hombre y la naturaleza.*)

Todas las tradiciones espirituales afirman que existen muchos niveles de ser o de conciencia dentro de una persona, al igual que en el cosmos, y que el más alto sólo puede experimentarse en lo más profundo del alma. Todas las tradiciones también dicen que existe algo, a lo que se dan diversos nombres como Espíritu, Dios, Alá y Brahmán, que está por encima de la mente. La mente ordinaria no puede comprenderlo, pero pueden experimentarlo los seres humanos cuyo nivel de conciencia se ha transformado en forma radical. Esta transformación constituye un nuevo nacimiento, un nacimiento espiritual o un nacimiento virginal, que contrasta con el nacimiento biológico que es el resultado de la relación carnal de los seres humanos.

Además, según las tradiciones espirituales, el propósito del nacimiento humano y de todos los esfuerzos humanos, incluyendo las ciencias y las artes, es ayudar a los individuos a experimentar al Ser Divino y a manifestarlo en su vida, al máximo de su habilidad, mediante el amor y la compasión. En esta perspectiva tradicional, es necesario que la ciencia sirva al espíritu; de lo contrario, éste acaba sirviendo a la tendencia natural humana que es centrarse en uno mismo, lo que tiene como resultado la violencia y la explotación de otros seres humanos, de otras culturas y criaturas, el igual que de la propia Tierra.

La visión de la India

El discernimiento central primordial respecto a la Verdad que señalan todos los conceptos de sabiduría en la India es *la unidad de todo lo que existe*. Este discernimiento no es ajeno a otras culturas; pero en la India, todos los grandes sabios regresan a él una y otra vez. De hecho, el darse cuenta de esta verdad es lo que define la grandeza de una persona en la India. Aunque la verdad se expresa fácilmente diciendo "todo es uno", los sabios también han dicho que el darse cuenta de esta verdad en el centro del ser puede requerir muchas vidas. Y se dice que el darse cuenta de esta verdad es el propósito de la existencia humana. Todo arte, filosofía y ciencia, si son verdaderos, reflejan esta visión y le dan impulso.

La verdad de la unidad fundamental se ha expresado en miles de formas durante la larga historia de la India. En el *Rig Veda*, el texto más antiguo en cualquier idioma indoeuropeo, encontramos esta verdad en forma cosmológica y mitológica, a medida que los diversos dioses y fuerzas naturales se transforman unos en otros. En las *Upanishads*, la identidad suprema de Atman y Brahmán que se descubre en la meditación, indica la unidad del nivel más profundo de una persona (Atman) con el nivel más sutil, y por consiguiente, el más alto del cosmos (Brahmán).

El Buda expresó esta antigua verdad nuevamente cuando dijo que todo el mundo, incluyendo a todos los dioses y a todos los demonios, puede descubrirse en nuestro propio cuerpo. Mara, la personificación de la muerte y de todas las fuerzas de obstrucción, resultó ser una proyección de la mente del Buda, no algo separado de él o distinto a él. En el *Bhagavad Gita*, Krishna nos dice que quienes realmente saben se dan cuenta de que todo lo que existe es Krishna. La misma energía Divina, que es una, se manifiesta en las diversas formas que participan en la maravillosa danza de la naturaleza (prakriti), ya sea de manera manifiesta o no manifiesta.

Nagarjuna, el filósofo budista del siglo III, expresa esta misma idea como una negación en la sutil doctrina de Shunyata o Vaciedad, que afirma que cualquier cosa aislada está vacía, no sólo en cuanto a significado, sino en cuanto a cualquier realidad. Esto se aplica a todo, incluyendo las realidades opuestas clásicas del nirvana y el samsara, y de ahí surge la exuberante conclusión de Nagarjuna de que nirvana es samsara y samsara es nirvana. Shankara, el filósofo vedanta hindú, expresa la misma verdad afirmando que sólo el Brahmán es real y todo lo demás no lo es y por lo tanto es inexistente. En nuestra época, Maharishi Raman ha proclamado: "No hay otros", y Jiddu Krishnamurti habló de la unidad del que observa y lo que es observado (Ravindra, *Krishnamurti*, especialmente la parte final del capítulo 2).

De acuerdo a la cronología científica de occidente, durante un periodo de al menos cuatro mil años, los sabios de la India han afirmado una y otra vez la unidad subyacente de todo lo que existe, incluyendo lo que llamamos animado e inanimado, y han dicho que cultivar la sabiduría consiste en darse cuenta de esta verdad. Además, nosotros podemos ser Uno con Todo lo que Existe, precisamente porque aislados no somos nada. Como dice el antiguo texto del *Shatapatha Brahmana* (3.8.1.2-3) sólo podrán entrar por la Puerta del Sol quienes puedan responder realmente a esta pregunta: "¿Quién eres?", diciendo "Nadie". Las diversas expresiones de esta visión fundamental varían con el tiempo, pero los sabios dicen que el concepto en sí es parte del Orden Eterno *(Santana Dharma)*. No sólo coexiste con el cosmos, sino que le proporciona su fundamento estable.

Conocimiento unificador y discernimiento

La causa básica de nuestro sufrimiento es nuestra separación del Todo. Esta separación tiene sus raíces en el egoísmo, que a su vez se basa en la ilusión de ser un yo separado con sus propios proyectos y propósitos, distintos a los del cosmos. El individualismo, que presupone un yo aislado, inevitablemente lleva al egoísmo, a la explotación y a la violencia. Cualquier conocimiento o práctica que lleve a eliminar la ilusión de estar separado, va en la dirección correcta. La ilusión se apoya en la ignorancia; por lo tanto, lo que se necesita para liberarse de esta ilusión es el conocimiento de la unidad y el discernimiento *(vidya, jñana* o *prajña).*

El énfasis primordial de las tradiciones de la India está en el conocimiento, a diferencia de las tradiciones bíblicas, centradas en la fe (Ravindra, *Murmullos*, en especial el capítulo 6). Sin embargo, este conocimiento o *jñana*, es muy distinto al conocimiento científico en su naturaleza y consecuencias. Por ejemplo, en el *jñana*, los hechos y los valores no pueden separarse, pues la realidad auténtica de algo es en esencia una medida de su relación con el todo, lo cual le da su valor. Además, en la ciencia, la calidad del trabajo no depende de las cualidades humanas del científico. No existe un requisito de que un gran científico, como Newton, deba tener un gran corazón, amor y capacidad para sacrificarse. Por otra parte, si el Buda es sabio o tiene *jñana*, sería una contradicción decir que no es compasivo. Reconocemos que el Buda es sabio porque es compasivo y porque toda su conducta, sus pensamientos y su manera de hablar muestran que está consciente de la verdad de la unidad esencial de todo.

No obstante, el sentido que tenemos de estar separados unos de otros también es parte del Todo y no sólo es necesario aceptarlo, sino también comprenderlo. No es algo que deba eliminarse. A medida que entendemos en forma más sutil y más completa la relación de los muchos con el Uno, no nos aferramos a la visión parcial de separación, considerándola como la única realidad o incluso como un aspecto importante de la Realidad. El énfasis en entidades separadas es funcional en el nivel ordinario de la existencia, pero esa apariencia no es la parte significativa de lo Real. Una mente filosófica naturalmente está más interesada en las causas y fuentes que en los efectos, está más interesada en cómo son las cosas que en la apariencia que tienen.

De hecho, parecería que la separación es obvia y se atiene al sentido común. Yo estoy aquí, tú estás allá. Nuestro aspecto es diferente y nuestro historial genético y cultural es distinto, al igual que nuestros recuerdos y nuestros temores. No obstante, una de las lecciones útiles que hay que aprender de la historia de la ciencia es que el sentido común no siempre es una guía digna de confianza hacia la verdad. La mayor parte de las conclusiones a las que llegaron los físicos a finales del siglo XX no tuvieron que ver con el sentido común. La separación está ahí, pero está envuelta en relaciones.

Tal vez ayude una analogía tomada de la física. Las teorías de los campos no niegan la existencia de los átomos, pero concentran su atención en el espacio que interviene y en las energías y campos que inevitablemente afectan a cada átomo. La analogía no es exacta ya que en física se dice que las descripciones teóricas alternas de la partícula y de los campos son equivalentes, mientras que en las cosmologías que están bajo la influencia del discernimiento espiritual de una unidad subyacente, los puntos de vista contrastantes del uno y los muchos se consideran perspectivas de alto y de bajo nivel. El énfasis en los niveles de conciencia, de ser, de discernimiento y de claridad, es parte integral de esta teoría de conocimiento. Lo que uno ve y la forma en que lo ve, depende del nivel de ser de quien está viendo.

El discernimiento unitario de los sabios no se concentra en universalizar o generalizar a partir de particularidades mediante el razonamiento, inferencias o inducciones. Es ante todo un asunto de percepción; una auténtica visión. Es un discernimiento, no una conjetura o una abstracción sujeta a ser refutada o confirmada. Esta percepción sólo es posible cuando nuestras puertas de percepción están libres de todo temor y fantasía. El mundo que ve un sabio no es el mundo que ve una persona ordinaria. Se requiere el sacrificio del aferrarse individualista a una separación del Todo. El sacrificio del ego separado es el *sine qua non* de esta percepción.

La percepción de un sabio es holística en el sentido de que lo que se ve se capta tanto en su unidad con todo lo que existe, como en su cualidad única. La cualidad única está ahí, ni siquiera Krishna podría reemplazar a un solo niño, pero se ve inmersa en el todo. La misma energía Divina se manifiesta en miles de formas y en diferentes niveles de conciencia y de ser, de manera muy similar a la forma en que cada hoja y cada gota de agua reflejan la luz del sol, creando patrones tan variados y maravillosos.

El yoga como ciencia

La ciencia esencial que se necesita, de acuerdo a esta perspectiva, es el yoga, que es la ciencia (y la tecnología) para alcanzar el discernimiento de la unidad. La naturaleza del yoga y su relación con la ciencia occidental se tratan en otra sección de este libro, en el capítulo 3, "La percepción en el yoga y en la física" y en el capítulo 5, "El yoga y el conocimiento".

El conocimiento del yoga se orienta ante todo a la transformación de la conciencia de la persona, pasando de lo ordinario a lo unitario, de modo que la naturaleza, que nos incluye, se revele en su totalidad y en su integridad, sin violencia ni explotación. El yoga establece el orden interno correcto, que es el principio básico de la verdadera ecología. El que realmente sabe, comprende que saber es amar. Y en esta danza de amor, conocemos y se nos conoce. En ese estado, vemos la unidad de todo lo que existe; y al mismo tiempo, la naturaleza única de cada cosa.

Desde una perspectiva espiritual, como la que se presentó antes en el contexto de la India, la ciencia moderna es un producto de conciencia limitada. Es útil e incluso es verdadera en su propio campo, pero es imperativo que nuestras tendencias hacia el control, la manipulación y la violencia, que la ciencia refleja y apoya, se mantengan a raya mediante la comprensión unitaria de los seres humanos con respecto a otros seres en todos los niveles, al igual que con respecto a toda la naturaleza, tanto sutil como burda. El control es posible cuando los líderes, los científicos y los escritores están dispuestos a someterse a las disciplinas espirituales a través de las cuales pueden cultivarse la compasión y la sabiduría.

Si a ti y a mí no se nos ve como uno, a un nivel profundo, siempre lucharemos por la supremacía de uno sobre el otro. Cuando los ángeles y las bestias hablan de nosotros, ¿qué dicen que hemos logrado?

Capítulo tres

La percepción en el yoga y en la física

A pesar de nuestro deseo de reconciliar la ciencia y el misticismo, estamos muy lejos de tener preguntas claras que plantear respecto a estos dos enfoques de la realidad. Queremos que estas disciplinas se reconcilien pues ambas nos parecen manifestaciones significativas y profundas de la psique humana, y nos imaginamos que en cierta forma, en los tiempos modernos, hemos encontrado una reconciliación. Tendemos a no ser muy claros respecto a qué nos referimos cuando hablamos de la ciencia. ¿Estamos pensando en la revolución científica de 1905 cuando Einstein presentó sus teorías, o en la mecánica cuántica que se desarrolló en la década de 1920, o en la holografía de la década de 1960, o en los avances teóricos en la comprensión del caos o las estructuras de disipación?

Tanto el yoga, que es una expresión de misticismo, como la física, se interesan en el conocimiento objetivo. Sin embargo, estos dos "conocimientos" son diferentes entre sí, y muchas de sus diferencias se relacionan con la naturaleza de la percepción que se tiene en las dos disciplinas. Necesitamos estar conscientes de estas diferencias si no queremos llegar a conformarnos con una integración fácil o con una reconciliación superficial. Nada es más engañoso que el imaginar que existe la paz cuando no hay paz. La ilusión de que ya hemos encontrado lo que necesitamos impedirá que sigamos buscando.

En cada etapa de la historia de la ciencia, algunos científicos han creído tener las respuestas correctas, y algunos lo creen en la actualidad. Además, creen que conocen y están hablando precisamente de los mismos temas que trataron los grandes místicos y sabios del pasado. Por ejemplo, por lo general no se sabe que Newton trató de tomar como modelo a los científicos místicos de Caldea, aunque en la actualidad su mecánica es considerada como un *bete noir* sin corazón por todos aquellos que creen que la física contemporánea tiene una inclinación mística que la física clásica no tenía. Newton estaba convencido de que no estaba diciendo nada que no hubieran conocido los sabios de la antigüedad. Dijo que Pitágoras y Moisés, entre otros, habían conocido incluso su ley cuadrada inversa de atracción gravitacional, y que él simplemente estaba expresándola de una manera más comprensible para su época (Ravindra, "Newton").

Pero si los discernimientos y las respuestas de los sabios de la antigüedad no despiertan nuestro interés, entonces decimos que ahora tenemos las respuestas correctas y que los antiguos estaban equivocados. Cada época cree que sus teorías científicas tienen las respuestas correctas o que pronto las tendrán. Sin embargo, permanecemos fragmentados interiormente y sufriendo.

Los sabios de los Vedas y los Upanishads, y los profetas bíblicos vivieron hace miles de años, pero todavía encontramos que tenemos mucho en común con ellos a pesar de las distancias de tiempo y las geográficas. Por otra parte, es probable que nuestros pronunciamientos científicos cambien en diez, en cien o en mil años. Es casi seguro que cambiarán en los próximos tres mil o cuatro mil años, que es el periodo que ha transcurrido desde que hablaron los sabios y los profetas. Entonces, uno se pregunta respecto a esta fácil ecuación de algo que es muy transitorio con algo que nosotros decimos que no ha cambiado y no cambiará ya que es eterno y atemporal.

Dentro de seis mil años, los sabios de los Vedas y otros sabios místicos todavía estarán diciendo lo mismo, pero podemos estar seguros de que los físicos del futuro dirán algo diferente. Si no imaginamos eso, en nuestra ciencia de progreso continuo, los científicos estamos diciendo en la actualidad lo mismo que dijeron Buda o Lao-Tsé; pero implicando que en los próximos cien años seremos capaces de hablar con mayor sabiduría. Por tanto, debemos reconocer las diferencias que existen entre lo que los científicos y los sabios dicen y buscan.

Es obvio que las observaciones y las percepciones tienen un papel muy importante en el conocimiento científico. De hecho, podríamos decir que una de las grandes características de la revolución científica de los siglos XVI y XVII fue la insistencia de los filósofos naturalistas en la necesidad de la observación para llegar a la verdad y en que uno no podía simplemente sentarse a pensar para llegar a la verdad. Lo mismo ocurre en el yoga: Todo el propósito del yoga es llegar a percepciones claras y directas. Por tanto, la naturaleza de la percepción es vital para comprender tanto la física como el yoga.

Como estamos comparando la física y el yoga, debemos entender con claridad lo que significa "yoga". Un relato del *Chhandogya Upanishad* transmite el significado de yoga. Un sabio famoso tenía un hijo muy inteligente llamado Shvetaketu. Cuando el joven llegó a la mayoría de edad, su padre le dijo: "Hijo, en nuestra familia hemos sido Brahmins no sólo de nombre, sino porque hemos sido buscadores de Brahmán. Se nos ha llamado Brahmins porque hemos sido ardientes buscadores de la Vastedad. Tú debes ir y buscar la sabiduría de Brahmán".

Entonces Shvetaketu salió de su hogar para buscar el conocimiento de Brahmán, y se dice que estudió durante doce años. Cuando regresó, habiendo dominado todas las ciencias, era un erudito, era muy arrogante y tenía mucha confianza en sí mismo. Habló con su padre de todo lo que había aprendido. Su padre lo escuchó, le hizo preguntas y determinó que su hijo ciertamente era un erudito en muchos temas. Luego el padre dijo: "Shvetaketu, eres un gran erudito muy sabio y arrogante, ¿pero aprendiste esa enseñanza mediante la cual lo que no es posible escuchar llega a escucharse y lo que no es posible ver llega a verse?" Podemos adivinar la respuesta de Shvetaketu: no le habían enseñado a escuchar lo que no es posible escuchar ni tenía noticia de tal enseñanza. De haberlo hecho, no habría sido tan arrogante. Entonces, Shvetaketu le preguntó a su padre quién tenía conocimientos de un orden de realidad tan completamente distinto que pudiera instruirlo sobre eso.

Para nuestros propósitos presentes, el yoga es la enseñanza mediante la cual lo que es imposible escuchar llega a escucharse y lo que es imposible ver llega a verse. Este sentido del yoga no se refiere a ningún camino específico, sino a cualquier camino espiritual mediante el cual tenga lugar una integración interna, de modo que uno pueda tener acceso a un orden de realidad completamente distinto, más sutil y más completo. En cuanto a su etimología, la palabra *yoga* significa literalmente "integración"; y un yogui es alguien que se ha integrado.

Experimento y experiencia

Cualquier camino a través del cual los seres humanos pueden llegar a ser plenos e íntegros es una forma de yoga. Es importante para nosotros entender con claridad la distinción entre un "camino espiritual" y lo que hemos llegado a llamar "religión". Estas dos cosas pueden existir separadas, y en general lo hacen. Tal vez incluso suceda que la mayor parte de lo que llamamos religión de hecho sea una obstrucción en un camino espiritual. Pero aquí sólo estoy hablando del camino espiritual del yoga.

La percepción es muy importante tanto en la física como en el yoga. En ambas disciplinas se busca el conocimiento objetivo y se considera que la verificación empírica es importante. Ambas son experimentales o se basan en la experiencia, y son empíricas. Pero distingamos las dos palabras "experimento" y "experiencia". Las ciencias naturales modernas son de un carácter profundamente experimental, pero se oponen a la experiencia de manera casi determinada. Sin embargo, estas dos palabras a menudo se usan como si significaran lo mismo (ver el capítulo 4, "La ciencia y la tecnología de occidente y la tradición intelectual de la India", y el capítulo 7, "Experiencia y experimento", en este libro).

Experimento viene de la palabra latina *experimentum*, y *experiencia* de la palabra latina *experientia*. Ambas se derivan de *experiens*, presente participio de *experiri*, que está formada por dos partículas, *ex-* y *periri*. La segunda partícula se relaciona con la misma raíz de la que viene la palabra inglesa *peril* (peligro). En este contexto, *ex-* significa "a fondo". Por tanto, los significados de la palabra latina *experiens* serían: intentar algo a fondo, ponerse en peligro, arriesgarse, sufrir... Aunque tanto *experiencia* como *experimento* se derivan de esta palabra, durante casi trescientos años se han usado en contextos muy diferentes.

Hacer un experimento ya no se usa en un sentido transitivo; se usa sólo en forma intransitiva pues se hacen experimentos "con algo" o "en relación a algo", a diferencia de "*tener una experiencia*" que sería una acción directa. Se podría pensar que esto es sólo un detalle lingüístico que en realidad no tiene importancia, pero el que el concepto de "hacer un experimento" aleje las cosas de la persona que está involucrada en ellas, es importante. Se hacen experimentos "con" seres humanos, con ratas, con LSD o con flores. Lo que uno experimenta directamente es muy distinto y más inmediato. Un científico en su laboratorio hace experimentos con cosas y hace mediciones que se basan en esos experimentos; es totalmente erróneo decir que el científico experimenta esas cosas.

Ecuación personal

Sin duda, en observaciones realmente simples, el experimento y la experiencia se acercan entre sí o incluso podrían llegar a unirse. Pero esto prácticamente no ocurre en las observaciones que se hacen en la ciencia, en especial en la física. La cuestión de involucrar las percepciones personales en la ciencia es una cuestión bastante complicada. Pero los científicos intentan evitar, tan asidua y cuidadosamente como les es posible, lo que ellos llaman la "ecuación personal". Esta actitud de evitar no tiene nada que ver con el hecho de que la mecánica cuántica haya vuelto a introducir en el panorama al que observa, lo que es irrelevante al hecho de sentirse enojado o feliz, de tener o no tener un amante, de ser chaparro o ser alto, de ser budista, hinduísta o cristiano. Todas estas consideraciones son la "ecuación personal", y son irrelevantes y deben eliminarse de las observaciones hechas en un experimento.

Ciertamente, los historiadores de la ciencia a menudo han señalado que no siempre es fácil liberarse de tales consideraciones. De hecho, cuando uno examina ciertos trabajos científicos hechos anteriormente, en ocasiones puede ver que los alemanes tienden a pensar de acuerdo a ciertos lineamientos y que los ingleses piensan de acuerdo a otros lineamientos. Existen estilos nacionales para trabajar en la ciencia, y hay décadas y siglos específicos durante los cuales se consideró que ciertos problemas específicos eran más importantes en Inglaterra que en Francia. El condicionamiento cultural y personal de un científico afecta el estilo y la dirección de su investigación. No obstante, debemos tratar de eliminar de la ciencia lo que llamamos la ecuación personal.

Esto es un asunto de importancia. A menudo se dice que el esfuerzo por eliminar lo personal es lo que hace que la ciencia sea internacional. O se asegura que la ciencia es intersubjetiva, pues los científicos como individuos no están bajo la influencia de sus emociones subjetivas. Detrás de tales afirmaciones está un deseo de objetividad y también una percepción muy correcta de que la mayor parte de nuestra vida emocional es contradictoria. Se basa en "esto me agrada" o "aquello no me agrada"; en el temor o en el placer. Con tal de lograr la objetividad, es bueno no caer presa de estos desvaríos subjetivos del corazón y de la mente. Existe una percepción correcta detrás de todo esto, y la ciencia, ante todo desde la gran revolución científica de los siglos XVI y XVII, ha intentado estar libre de estos deseos y preocupaciones personales en el proceso de llevar a cabo observaciones científicas y de formar hipótesis.

Pero la ciencia "tiró al niño cuando tiró el agua de la bañera". En todas las disciplinas espirituales hay un entendimiento unánime (y esta es la forma en que estoy usando aquí la palabra yoga, no simplemente como un conjunto de creencias) de que los sentimientos en sí son una avenida hacia el conocimiento y que son los instrumentos para alcanzar la forma más alta de conocimiento. Es necesario limpiar o profundizar estos sentimientos para lograr un conocimiento objetivo a través del sentimiento. Un comentario muy perceptivo de Goethe es que el misticismo es una dialéctica del sentimiento. En contraste, se podría decir que la ciencia es una dialéctica de la razón. Todas las observaciones y experimentos de la ciencia se generan ante todo por la razón y están al servicio de la razón.

Existe un intercambio entre la teoría y la observación o entre los conceptos y las percepciones tanto en el yoga como en la física. Pero el intercambio entra a estas disciplinas de manera diferente. En la física, los datos experimentales, las observaciones y las percepciones están al servicio de la teoría. Ya sea que prueben teorías o que generen teorías más grandes y más completas. Finalmente terminamos diciendo que el conocimiento científico es un conjunto de teorías.

Por otra parte, en el yoga o en cualquier disciplina espiritual, la teoría está al servicio de la percepción. Al final no importa mucho qué teoría tenga uno. La teoría es un ardid o un truco para tranquilizar la mente o para engrandecerla. Claro que también en el yoga se requiere de teoría. A lo largo de cualquier sendero uno debe estudiar muchas teorías metafísicas. Pero si una disciplina espiritual permanece dentro de ellas, o si permanece al servicio de ampliar más teorías, simplemente se limita a ser una charla teológica vacía. Este tipo de charla especulativa es suficientemente persuasiva para que sepamos que es fácil quedar atrapados en ella; todo tipo de escuelas teológicas y departamentos de filosofía se dedican a este tipo de actividad.

La persona religiosa común, el yogui ordinario o la persona que aspira a ser un místico está tan lejos del Cristo o del Buda como un científico común y corriente lo está de Newton o de Einstein. Lo mejor que podemos hacer es mantener nuestra atención en los grandes científicos y sabios para poder entender las profundas diferencias que hay entre ellos, observando a los mejores practicantes de sus respectivas disciplinas. ¿Qué está en juego aquí? Definitivamente, lo importante del Buda o de Cristo no es que tengan una metafísica o una teoría. Pero lo importante de Newton y de Einstein es precisamente que tienen una teoría. La importancia de los científicos se debe a sus teorías. Las percepciones y los conceptos tienen un papel en la física y son muy distintos a los del yoga.

Analicemos ahora el intento de eliminar a la persona de la ecuación. Un deseo de objetividad es el motivo subyacente en esto. Sin embargo, el eliminar a la persona o a sus emociones de la observación científica no debería afectar a las observaciones que se hacen. Por ejemplo, los únicos requisitos relevantes al estudio de la óptica física son los que están disponibles incluso para alguien que está ciego (como enfatizan especialmente los filósofos positivistas del Círculo de Viena). Necesitamos meditar en esto. En física, las teorías de los experimentos en el campo de la óptica deberían estar disponibles incluso para una persona ciega.

El estado o la naturaleza del científico es irrelevante a las observaciones. Por ejemplo, no importa si el que está observando la ruta de electrones es Buda o si es una persona ordinaria; aunque tal vez vean cosas diferentes, debemos seleccionar sólo la parte de sus percepciones que es común a ambos. Creo que esta es una manera de empobrecer nuestras percepciones. Como el nivel de conciencia o el estado de ser de un científico es irrelevante a las observaciones, todas las observaciones científicas son irrelevantes al nivel de conciencia del científico. Nada en la ciencia ayudaría a elevar el nivel de ser de una persona, al menos nada en la ciencia como la conocemos y la practicamos hoy en día.

La metafísica de la ciencia moderna ha desarrollado en ella el axioma de que el estado de ser de los científicos es irrelevante a la ciencia que ellos producen. El que alguien sea bueno, malo, temeroso, lleno de odio o bondadoso, no tiene importancia para determinar sus cualidades como científico. (Deberíamos recordar que la mayoría de los científicos y tecnólogos en el mundo actual trabajan para la milicia o para la maquinaria de guerra, de una u otra forma.) La suposición de que el nivel consciente o la preparación moral de una persona es irrelevante a la calidad de la ciencia que esa persona realiza, está entretejida en los procedimientos de la ciencia. El complemento de esta idea es que lo que sabemos de la ciencia no es capaz de cambiar nuestro nivel como seres.

Un debate filosófico muy antiguo necesitó este tipo de limitación. Este debate, que se centró en distinguir las cualidades "primarias" y "secundarias", adquirió una importancia particular en los siglos XVI y XVII en Europa. Al reunir conocimientos, uno no puede tomar en cuenta todo; deben imponerse ciertas limitaciones. Por tanto, surge una cuestión sobre qué cualidades o qué propiedades de la materia deben considerarse fundamentales a la realidad y cuales son relativamente superficiales. Otra manera de expresarlo es decir: "¿En qué términos básicos deberíamos intentar explicar la totalidad de la naturaleza?"

En los siglos XVI y XVII, se tomaron decisiones sobre esta cuestión, en ocasiones de manera consciente en otras no. Las propiedades que podían determinarse matemática y cuantitativamente, como la "masa", el "tamaño" y la "proporción", se consideraron primarias. Más tarde, también se añadió la "carga" a esta lista. Pero los aspectos de color, sabor, olor y tacto no se consideraron primarios; se consideraron cualidades subjetivas, identificadas como secundarias. Los físicos pueden hablar largamente sobre sus métodos para determinar las propiedades primarias; y aunque pueden existir incertidumbres, dentro de los límites de esas incertidumbres, existen procedimientos y formas de determinar cual es la masa de un electrón.

Pero si le preguntáramos de qué color es un electrón, la pregunta suena algo risible, aunque algunos físicos de hecho metafóricamente se divierten con este tipo de cosas. Si preguntamos a qué sabe un electrón, eso es demasiado subjetivo; pero la masa y la carga constituyen una realidad primaria aunque nadie pueda percibir ninguna de ellas directamente, ya que son conceptos abstractos. Si uno pregunta cuál es el propósito de un electrón, está totalmente fuera del ámbito científico.

Sólo existen ciertas propiedades de la materia que se consideran fundamentales. Los aspectos como el color pueden explicarse en términos de otras entidades que a final de cuentas se relacionan con la masa y la carga; por ejemplo, pueden explicarse en términos de vibraciones de la materia o de un campo eléctrico. Obviamente, en los siglos XVI y XVII se hicieron algunas suposiciones afortunadas; gran parte de la física se basa en ellas con un éxito extraordinario. Pero esta distinción entre cualidades primarias y secundarias, que hizo del color algo subjetivo y no algo que constituye la realidad a nivel fundamental, molestaba mucho a Goethe; fue un punto importante en su profunda crítica de Newton, que, dicho sea de paso, fue totalmente ignorada.

Percepciones en el yoga y en la ciencia

Tanto la ciencia como el yoga parten de la suposición de que la realidad, como la revelan nuestros sentidos ordinarios, no es exactamente lo que de hecho es real; no es la misma realidad. Ambos afirman que la verdad detrás de las apariencias no puede verse con una percepción no refinada y carente de ayuda. Un físico trata de ampliar la sensibilidad de los órganos de percepción desarrollando instrumentos científicos. Esta ampliación de los órganos de percepción es ante todo cuantitativa. Veo un objeto con los ojos que tengo, luego con un microscopio puedo ver objetos más pequeños, o con un telescopio puedo ver objetos muy lejanos, pero los sigo viendo exactamente en la misma forma; mi evaluación de ellos no cambia.

Por otra parte, la dirección del Yoga es en gran medida como la describió el gran visionario William Blake, como una necesidad de purificar nuestros órganos perceptivos. Tal purificación es cualitativa; la percepción de la misma realidad antes y después de la purificación tiene una cualidad y un significado diferentes. Cada disciplina espiritual somete al estudiante a gran cantidad de sufrimiento, pues en una disciplina espiritual el escultor, el cincel y la piedra son lo mismo; todas son parte del yo. Uno está tratando de esculpir algo en la piedra con instrumentos que en realidad son uno mismo, aunque los maestros ayudan.

En una disciplina espiritual, se requiere una purificación de los órganos internos de percepción. Siempre que uno se da cuenta de lo turbias que son sus percepciones, ocurre algo similar a la Noche Oscura del Alma, que causa gran sufrimiento a la persona que la experimenta. No se sugiere eliminar los sentimientos porque no son confiables, en lugar de eso, al reconocer que los sentimientos no educados no son confiables, se ve la necesidad de someterse a una disciplina para entrenar los sentimientos de tal manera que sea posible llegar a sentimientos que sean más confiables y más objetivos.

En la física, proyectamos al exterior nuestras percepciones, incluso de lo que hay en nuestro interior. Una computadora puede llevar a cabo muchas de las funciones de los órganos comunes de percepción. Por ejemplo, en un experimento científico que cuente con el apoyo de un financiamiento generoso, tal vez sea posible establecer un mecanismo mediante el cual el científico pueda ir a casa a comer y cuando regrese, la información ya esté ahí esperándolo. En muchos experimentos científicos, la presencia o participación del científico humano no es necesaria para la recopilación de datos.

Por supuesto, los científicos son necesarios para echar a andar el experimento, para interpretar los datos y para aplicar los resultados; de modo que aún necesitamos a los científicos. No obstante, las percepciones científicas en sí, precisamente donde hay un contacto directo con la realidad, ya sea que estemos midiendo el movimiento de los electrones, que estemos estudiando los latidos del corazón de un feto en el útero o que estemos investigando las reacciones de las ratas a cierto tipo de estímulos controlados, no necesitan seres humanos reales. La percepción puede llevarse a cabo sin la presencia de los científicos, en lo que se refiere a la recopilación de datos. Es decir, las percepciones pueden asignarse a agentes externos, y nuestros órganos de percepción pueden llevarse al exterior y extenderse cuantitativamente.

Por otra parte, esta proyección externa de la percepción no ocurre en el yoga, donde se lleva acabo una total proyección al interior. No obstante, tanto la ciencia como el Yoga afirman que nuestros órganos ordinarios de percepción, tal como están, no son muy adecuados para percibir la realidad.

En yoga, se reconoce la suposición de que "uno ve como uno es". Esto no es totalmente cierto en la ciencia, donde sólo se admiten las percepciones en las que el tipo de persona que uno es, es irrelevante. Aquí está en juego una gran separación entre conocer y ser; el nivel de ser o el estado de conciencia de la persona es irrelevante en la producción de conocimiento científico, pero es críticamente relevante en el yoga.

¿Cuál es el propósito del conocimiento que hay en la ciencia y en el yoga? ¿Por qué nos entusiasma tanto el conocimiento científico? Supongamos que supiéramos todo respecto a Marte, ¿qué cambiaría eso? En su *Mito de Sísifo*, Albert Camus comentó que el que la luna gire alrededor de la tierra o la tierra gire alrededor de la luna es irrelevante para la vida. Cuando yo era un físico joven, esto me molestaba mucho y me hacía preguntas sobre esta extraña filosofía. ¿Pero por qué estamos tan interesados en el conocimiento científico?

Conocer y ser

Si observamos los usos que por lo general se dan al conocimiento científico, vemos un fuerte deseo de controlar y manipular lo que estudiamos. Por supuesto, muchas cosas no están sujetas al control, al menos no fácilmente. Tal vez son muy distantes, como lo son la mayoría en el campo de la astronomía. Pero los métodos y procedimientos que se han desarrollado se basan en un deseo de control. Francis Bacon, el santo patrono de la Real Sociedad de Londres, expresó esto en forma clásica, diciendo que los seres humanos deberían estudiar la naturaleza para controlarla y utilizarla para mejorar la condición de la humanidad.

La motivación científica que brota de un deseo de controlar y manipular es muy distinta al punto de vista del yoga, excepto en lo que se refiere a un énfasis reciente en algunos círculos científicos que se interesan en el estudio de la conciencia. Sin embargo, siempre que abordamos el estudio de la conciencia con nuestra actitud científica actual, vamos a preguntar cómo podemos controlarla y usarla. Cuando esta actitud entra a la psicología, en especial en la zona de transición entre la psique y el espíritu, (ver el capítulo 9, "El universo le pertenece al danzante", en este libro), siempre representa lo que solía llamarse tendencias "demoniacas".

Si abordamos el estudio del espíritu con la actitud científica actual, lo que nos va a interesar, aunque no lo formulemos directamente, es cómo podemos apropiarnos del espíritu para nuestros propósitos y para nuestro uso. Entonces preguntamos: ¿cómo podemos usar la meditación para avanzar en los negocios, para ser mejores amantes, o para tener más éxito? La actitud de un yogui no debe ser: "¿Cómo puedo apropiarme del espíritu para mi uso?" En el yoga hay una actitud fundamentalmente distinta a la de la ciencia con respecto al propósito y el valor del conocimiento. Diferentes tipos y medios de percepción se relacionan con estos distintos enfoques.

¿Cuál es el propósito del conocimiento? En yoga, lo importante del conocimiento es acabar con el conocimiento. Esto es lo que la palabra *vedanta* significa literalmente: "el final del conocimiento". Cuando nos damos cuenta de que la Vastedad (*Brahmán*) de que somos parte es en esencia algo imposible de conocer, entonces podemos tranquilizarnos en la mente y el corazón y participar en esta Vastedad. En ese sentido, aquel que conoce a Brahmán llega a ser Brahmán. No podemos conocerlo estando separados de él. El problema central es un problema de ser, no de saber. En el yoga, el conocer sirve al ser, y a final de cuentas es un arte que se autodestruye. Después de cumplir su función, se le trasciende. Una antigua metáfora dice que el conocimiento es como una escalera que se usa para llegar arriba; una vez que uno está arriba, es absurdo seguir cargando la escalera. Sin embargo, la ciencia, tiene una metafísica fundamentalmente distinta, y parte de ella supone que el ser no es relevante en el conocimiento; por lo tanto, no existe razón alguna para ir más allá del conocimiento.

Como el propósito del yoga es acabar con el conocimiento, la finalidad del yogui es dejar de aferrarse a la separación de quien observa y lo que es observado. Como dicen las escrituras cristianas (Juan 12.25): Sólo cuando podemos renunciar a nosotros mismos, podemos seguir al Cristo. El pequeño yo está hecho de todo este conocimiento: del pasado, del presente y del futuro; de temores y placeres; de lo que nos agrada y lo que nos desagrada. En la senda del yoga, estos "conocimientos" del pequeño yo deben descartarse para que surja el yo más grande, de la misma manera en que un escultor usa el cincel para retirar las partes innecesarias de la piedra y ayudar a que la escultura emerja.

A través del yoga, emerge el orden correcto, y llega el final del conocimiento, el final de la individualidad aislada, el final de la separación y el final del tiempo. Según Patañjali, el célebre autor del *Yoga Sutra*, la mayor ilusión es *asmita*. Es difícil traducir esta palabra, pero es algo como "yo soy esta identidad", un estado de egoísmo. Procedimos a definir esta condición (que William Blake definió de manera similar) como una percepción errónea de lo que a ojos vistas se limita a lo que pueden ver los órganos de la vista. Por tanto, lo importante en el yoga es realmente ir debajo, detrás y más allá de nuestros órganos ordinarios de percepción. Como leemos en las *Upanishads*, el que no ve que lo que hay en el interior también está en el exterior, de hecho se engaña. Suponer que el que mira está limitado por el mecanismo de ver es un error fundamental, por eso un yogui purifica e integra las percepciones de tal manera que al ver algo, no lo vea con los ojos sino a través de los ojos.

Un diálogo del místico alemán Jakob Böheme, viene al caso aquí:

> *Discípulo:* ¿Cómo puedo llegar a la unidad de voluntad, y cómo podré alcanzar la unidad de visión?
>
> *Maestro:* Ahora toma nota de lo que voy a decir; el Ojo Derecho mira en ti hacia la eternidad. El Ojo Izquierdo mira en ti hacia atrás en el tiempo. Si en

> la actualidad te permites estar viendo siempre la naturaleza y lo que se relaciona con el tiempo, te será imposible llegar a la unidad que deseas. Recuerda esto; y está alerta. No permitas que tu mente entre y se llene de lo que es externo a ti; ni le permitas que mire el pasado. No permitas que tu Ojo Izquierdo te engañe, haciendo continuamente una representación tras otra, y al hacerlo haga surgir un fuerte anhelo en el yo; haz que tu Ojo Derecho le ordene al Izquierdo regresar... Y sólo llevando al Ojo del Tiempo al interior del Ojo de la Eternidad... y descendiendo a la Luz de la Naturaleza a través de la Luz de Dios... llegarás a la Unidad de Visión o a la Uniformidad de Voluntad.

En la actualidad, el conocimiento esotérico, tanto del interior de esta cultura como de otras culturas muy lejanas en el tiempo y el espacio, está a nuestro alcance en cualquier librería, se puede conseguir con facilidad y con promiscuidad. Esta libre disponibilidad de lo esotérico se debe en parte a nuestra mentalidad científica, que no da importancia a las distinciones entre los niveles de ser o entre los niveles de conocimiento. En tales circunstancias, ¿dónde están nuestros guardianes? ¿Cuáles son nuestras garantías?

Existe un concepto tradicional, no sólo en la India sino en todas las tradiciones clásicas de que tengo conocimiento, de que la verdad es algo para lo que uno debe estar preparado con el fin de comprenderla. No sólo para *comprenderla*; uno también debe estar preparado para *soportarla*, pues la verdad puede ser devastadora. ¿Cómo nos estamos preparando para un profundo conocimiento esotérico de tal manera que no sólo podamos entenderlo sino también soportarlo? ¿Qué preparación tienen nuestros líderes intelectuales y políticos para no utilizar mal estos conocimientos? ¿Cómo va este conocimiento a transformar nuestro ser si sólo lo consideramos como consideramos el conocimiento científico?

Imaginar que la ciencia de nuestros días equivale al conocimiento esotérico de la antigüedad, supuestamente a causa de algunas similitudes superficiales en algunas expresiones, indica una total ignorancia de los métodos y propósitos de las tradiciones espirituales de la antigüedad. En estas afirmaciones respecto a la similitud y equivalencia entre la ciencia moderna y el conocimiento esotérico está implícita una suposición ingenua y arrogante de que mañana, en la siguiente década, en el siguiente siglo o seguramente en el siguiente milenio, nuestra ciencia superará por mucho el conocimiento de los antiguos místicos, sabios y profetas. Desde un punto de vista espiritual y tradicional, tales afirmaciones no sólo son inocentemente ignorantes, sino peligrosas y soporíferas; son maneras de acabar con la posibilidad de un conocimiento esotérico que lleve a los seres humanos a un estado de alerta, al lugar que les corresponde en el cosmos, a su responsabilidad en la conservación del orden correcto tanto interno como externo, y a sus verdaderas posibilidades.

Es fácil que a nivel individual y cultural se nos vuelva a adormecer, alejándonos del momento inquietante de despertar y de ver, y se nos introduzca en un sueño en el que planeamos la conquista del espacio interior y de la conciencia, y en el que imaginamos tener el mismo nivel de comprensión que los sabios del pasado, mientras seguimos conformándonos con apariencias superficiales. Al rehusarnos a ser despertados por el conocimiento esotérico y al desear dominarlo para nuestros propósitos egoístas, impedimos que este conocimiento trabaje en nosotros para transformar nuestro ser, para llevarnos al final del conocimiento relacionado con adquirir y controlar, para ayudarnos a liberarnos de nosotros mismos, y llevarnos a una tranquilidad en la que podamos estar conscientes de nuestra falta esencial de conocimiento, y no se nos paralice llevándonos a una inacción ni se nos atemorice haciéndonos caer en el engañoso regazo de las explicaciones. Ante todo, necesitamos una discriminación correcta para ver nuestra situación con claridad y suficiente fuerza para hacer frente a las exigencias de la transformación.

Un relato hindú es relevante para la percepción del conocimiento esotérico: Hubo una vez un sabio llamado Bhagiratha. Hacía grandes esfuerzos y se sometía a austeridades espirituales; de modo que fue colmado de bendiciones y se le concedían los favores que solicitaba. Como había visto que los seres humanos estaban sedientos de las aguas vitales del conocimiento verdadero, pidió a los dioses que permitieran que el río Ganga (que podríamos considerar aquí como el conocimiento esotérico), que fluía en el cielo, descendiera a la Tierra. El favor fue concedido; pero los dioses temían que como el río Ganga sólo fluía en el cielo, si descendiera a la Tierra, el planeta (o nosotros, siendo nuestra mente y nuestro cuerpo ordinarios), al no estar preparado para recibir el impacto del descenso del Ganga, se haría añicos. Por tanto, Shiva, el Señor de los Yoguis, estuvo de acuerdo en recibir en su cabeza el impacto del descenso del río. El agua bajó a la Tierra desde su cabeza formando siete corrientes dadoras de vida. Entre todos los dioses, Shiva es el dios guardián de la transformación. Sólo él puede superar el sueño de la ilusión y mitigar la fuerza del deseo con el fuego de la visión discriminante de su tercer ojo.

¿Quién de entre nosotros invocará a Shiva y actuará en su nombre en el momento presente de profunda crisis y oportunidades radicales?

Capítulo cuatro

La ciencia occidental y la tecnología y la tradición intelectual de la India

Todas las culturas importantes desarrollan, a lo largo de cierto periodo, una integridad interna. Sus manifestaciones más importantes, como son las artes, las religiones, las filosofías y la ciencia y la tecnología, se relacionan muy de cerca. El hecho de que estas diversas manifestaciones se relacionen, se nutran y se reten entre sí es una señal de la vitalidad de la tradición intelectual de un país. Las tensiones y contradicciones que hay entre ellas pueden ser muy creativas y pueden llevar a una síntesis a un nivel más alto. Por otra parte, cuando no existe un esfuerzo libre de temores para resolver tales contradicciones, una cultura podría estar satisfecha con una reconciliación superficial.

Hoy en día, una importante contradicción cultural en la India se relaciona con la ciencia y la tecnología modernas.

En la India, tanto los científicos como las personas bien intencionadas tienden a imaginar que la ciencia y la tecnología modernas no contradicen a la tradición espiritual e intelectual de la India. Incluso se ha sugerido que la si tradición de la India se comprende bien, llevará a la ciencia moderna en forma natural. Estos sentimientos al parecer se basan más en una vaga sensación de que todo lo bueno es inherentemente armonioso que en un análisis cuidadoso de la situación.

Ciertamente esperamos que la ciencia moderna y las antiguas tradiciones espirituales puedan integrarse y formar una síntesis a un nivel más alto. De hecho, esa es la tarea más importante que deben abordar los intelectuales contemporáneos, ya que de esa síntesis depende tanto la supervivencia de la humanidad a nivel global como la creación de un medio ambiente adecuado para las generaciones futuras, tanto a nivel físico como metafísico. Esto, no obstante, es un reto al que no es posible responder con facilidad. Tal vez esta tarea requiera el esfuerzo intelectual de toda una generación. Existen varias señales hoy en día en el mundo occidental, y en particular en los Estados Unidos, pero casi ninguna en la India, de que esta tarea se está empezando a llevar a cabo en diversos frentes con una vigorosa calidad de pensamiento y sin sentimentalismo. Un paso necesario es comprender con claridad la naturaleza esencial de la ciencia y la tecnología modernas.

La ciencia y la tecnología modernas en cualquier parte del mundo, ya sea en oriente o en occidente, tienen un carácter occidental. Sus procedimientos y actitudes fundamentales se desarrollaron a Europa Occidental durante la gran revolución científica de los siglos XVI y XVII. El inicio y el desarrollo de la ciencia moderna tienen un vínculo muy cercano con la difusión en Occidente de ciertas ideas humanísticas, seculares y sociopolíticas. Hay ciertas suposiciones filosóficas relacionadas con la naturaleza de la realidad, de los seres humanos y del conocimiento que son la base de la ciencia y la tecnología modernas; y todas brotan de religiones y filosofías occidentales. Es necesario estar consciente de estas suposiciones, pues es posible que la difusión de la ciencia y la tecnología modernas, cuyas actitudes filosóficas difieren de las de las ciencias y tecnologías antiguas y medievales incluso en occidente, y ciertamente de las de la India, traerá consigo el mismo tipo de ruina espiritual tanto a la India como a Occidente, a menos que podamos tener la comprensión que se requiere y la voluntad para alcanzar una síntesis cultural de mayor altura. A continuación se tratan algunas de estas suposiciones filosóficas, aunque no todas.

Todo está esencialmente muerto

Toda investigación científica supone que los objetos que está investigando están esencialmente muertos, es decir, que no tienen una dimensión interna; que no tienen nivel consciente, propósito o intención propios, y que toda su existencia y comportamiento puede explicarse mediante sus interacciones con fuerzas externas que en sí carecen de propósito. Por lo tanto, esos objetos, ya sea que se trate de un electrón, una rana, un hombre o una cultura, se pueden describir en su totalidad basándose en las fuerzas externas a las que responden indefensos.

Es posible que la realidad de la ciencia occidental sea dinámica, tanto en menor escala como en su totalidad, pero no tiene iniciativa propia. La cosmología moderna de occidente se basa por completo en la física, que investiga materia muerta que está en movimiento pues reacciona ante fuerzas externas. La realidad se ve como totalmente pasiva internamente: reacciona ante las fuerzas pero no puede responder a ellas. La teoría psicológica denominada erróneamente "estímulo-respuesta" debería denominarse "estímulo-reacción".

El modelo de toda la ciencia moderna, sin importar dónde esté, es la física, que se basa totalmente en principios derivados de estudios de objetos que se supone son por completo inanimados. Se podría pensar que el comentario anterior no se aplica a la biología, la cual después de todo, estudia organismos vivos. Esto sólo es cierto en el grado mínimo de que los objetos que estudia la biología tienen una propiedad llamada "capacidad de reproducirse". No se les concede más valor interno del que se concede a los objetos muertos de la física. De modo que los simios, los gatos y las ranas no tienen derechos que pudieran mitigar el tipo de experimentos que se realizan con ellos. El único hecho relevante es que los seres humanos pueden dominar a estos animales y por tanto someterlos a cualquier trato.

Dejando a un lado las consideraciones éticas y teológicas, que en todo caso son notables por su impotencia en los laboratorios, no existe un principio específico que impida que se hagan experimentos con los miembros de una especie. Además, el impulso básico de todo el trabajo en el campo de la biofísica y la bioquímica es encontrar explicaciones relacionadas con organismos "vivos" en relación con objetos muertos y fuerzas carentes de propósito, es decir, en relación con las leyes de la física.

Usando una terminología más antigua, se podría decir que la biología trata a los animales como si no tuvieran "alma" y fueran meramente cuerpos. Esta, por supuesto, es una antigua idea cristiana estándar. Sólo los seres humanos tienen almas; son distintos a los demás animales precisamente por eso. (A este respecto, en el pasado, se planteó la pregunta de si los esclavos, los negros o las mujeres tenían alma.) Descartes, a quien se considera el padre de la filosofía occidental moderna y quien tuvo una enorme influencia en la biología moderna, pensaba a los animales muy de acuerdo a esta visión cristiana y creía que eran "máquinas sin voluntad". Por otra parte, para Descartes, un ser humano era una máquina con voluntad.

A medida que la psicología moderna se volvió más "científica", naturalmente eliminó toda consideración de interioridad, y trató a los seres humanos simplemente como máquinas que reaccionan a estímulos externos de manera predecible. En su mayor parte, la psicología experimental y conductista se basan en la suposición de que los seres humanos, en principio, pueden caracterizarse totalmente por sus reacciones a fuerzas externas y que no es necesario considerar la idea de que haya un "fantasma en la máquina", que se podría clasificar como una conciencia o un alma, y se podría decir que tiene intención o propósito.

No existe un principio de epistemología científica que permita tratar a los seres humanos como personas y no como objetos. Ciertamente han surgido otras orientaciones en el campo de la psicología en las últimas décadas; por ejemplo, las orientaciones clasificadas como "psicología humanística" y "psicología existencial", pero de lo que por lo común se les acusa es precisamente de no ser suficientemente "científicas".

Esta actitud también impregna a la moderna medicina científica, en la que un ser humano es en esencia una máquina físico-química que de alguna manera está viva, un hecho que en sí se determina a partir de ciertas características físicas externas. En esta máquina, ciertos componentes (que tradicionalmente reciben el nombre de "órganos") pueden, en principio ser reemplazados por componentes "vivos" o artificiales con funciones similares tomados de otros lugares.

En resumen, una suposición fundamental de la investigación científica moderna es que toda la realidad, sin importar la escala en que se perciba, ya sea como la totalidad del universo, como un animal, un árbol o una piedra, es una máquina. El hecho de que tenga o no cierto nivel consciente es por completo irrelevante para los procedimientos y conclusiones de la ciencia; por lo tanto, por simplicidad, bien podría uno proceder con la suposición de que no existe un estado consciente. Se supone que la totalidad de la naturaleza está formada por materia muerta que está en movimiento sin propósito. De hecho, nada en absoluto tiene propósito alguno. Ni el propósito ni nada que equivalga a ello es una categoría científica en sentido alguno. Toda mención del propósito, en la idea de una "causa final" en que creían los filósofos antes de la gran revolución científica de los siglos XVI y XVII, se ha eliminado sistemáticamente en fechas posteriores. En la actualidad, los objetos o las criaturas no tienen propósito; sólo tienen funciones.

La naturaleza como algo distinto

La naturaleza como algo distinto al hombre es una suposición esencial de la actitud científica, que ve el universo como algo hostil o al menos indiferente, no de manera intencional, sino mecánica, a los propósitos y las aspiraciones de los seres humanos. Por tanto, es necesario luchar contra la naturaleza y conquistarla. Este punto de vista permite a los humanos explotar la naturaleza. Cuanto más avanzada es una sociedad en lo científico y lo tecnológico, más pronunciada es su explotación de la naturaleza.

La tecnología moderna es parte de la ciencia moderna en lo que se refiere a sus procedimientos y actitudes. Lo que las distingue es su postura ante el control de la naturaleza. En la ciencia, el control de la naturaleza equivale a entenderla, y uno se involucra con ella como deporte, por el placer de superar a un adversario. En la tecnología, la ventaja sobre la naturaleza es explotarla para gratificar los deseos humanos, por lo general disfrazados de un esfuerzo por aliviar temores y responder a necesidades.

El utilizar los recursos naturales para responder a necesidades humanas legítimas se ha convertido en explotar la naturaleza para gratificar deseos sin freno. Este cambio fue posible por la creciente capacidad de la ciencia y la tecnología, lo que se ve claramente en los Estados Unidos, y cada vez más en otras regiones. Se facilita, a causa de la actitud, que es común a la ciencia y a la tecnología, de considerar que la naturaleza es un enemigo que debe vencerse.

Objetividad de la realidad

Existe otra suposición que se relaciona muy de cerca con las dos anteriores, según la cual la "naturaleza" que hay en nuestro interior es totalmente distinta a la que está en el exterior. Esta suposición se relaciona con la bien conocida división que Descartes hizo de las dos regiones: *res extensa* (región de extensión) y *res cogitans* (región de pensamiento). La primera es la región del cuerpo; es el dominio material de la naturaleza. La segunda es la región del alma, que para Descartes es lo mismo que la mente. La naturaleza es sólo material y externa. Lo que es interno es meramente subjetivo, en el sentido de ser personal, privado, cambiante y poco confiable. Sólo lo externo puede ser objetivo y real.

Cuantificación de la realidad

En la región externa, incluso se hace otra división entre lo que se considera cualidades primarias y secundarias. Esta división es necesaria debido a la demanda de un acuerdo no ambiguo e intersubjetivo respecto a las características externas de un objeto.

Las cualidades primarias son aquellas características que pueden cuantificarse y medirse. Como dijo Max Plank, el físico del siglo XX que fue el padre de la mecánica cuántica: "Aquello que no puede medirse no es real". Así, lo que puede medirse se separa de cualquier consideración de la cualidad relativa de la atención, la claridad de percepción o el nivel de ser de cualquier observador.

Lo que se supone que es primordialmente real respecto a algo no sólo excluye las distorsiones que podría introducir una manera de pensar agitada o ilusoria, sino también los aspectos más sutiles que sólo pueden percibir las mentes sensitivas y refinadas. Por tanto, se despoja a la realidad de los sentimientos y las sensaciones que requieren percepciones puras, como las de algunos artistas y místicos, y se le reduce sólo a aquellas características que pueden cuantificarse mecánicamente, como el tamaño y la masa. "De la misma manera en que el ojo fue diseñado para ver colores, y el oído para percibir sonidos", escribió Kepler, "la mente humana fue diseñada, no para comprender lo que a uno le plazca, sino cantidades" (citado por Burtt).

Una postura filosófica análoga a esta actitud cuantitativa es la filosofía analítica anglo-americana, en particular como se practicó de mediados de los años 40 a mediados de los años 60. Esa escuela, que buscó la solución de problemas filosóficos no contemplando los problemas, sino analizando afirmaciones hechas sobre ellos, redujo la región vasta y sutil de la verdad a dos proposiciones respecto a las cuales se pueden preparar "cuadros de verdad" que determinan si cierta proposición es verdadera o falsa.

Las cualidades secundarias son todos los rasgos de la realidad de los que las artes y las religiones se han ocupado tradicionalmente, como el color, el sonido, el gusto, la belleza y el propósito. Sin importar qué funciones tengan la poesía, la música o las disciplinas espirituales, cuando se trata del serio tema de la verdad y el conocimiento, como lo entienden los filósofos naturales modernos, todas estas actividades son en esencia frívolas. Aquí están las semillas de la fragmentación de nuestra sensibilidad: las artes y la religión no nos pueden llevar al "conocimiento" y la ciencia no puede llevarnos a los "valores".

La dicotomía resultante entre el "conocimiento" y la "fe" o entre la "razón" y el "sentimiento", que es evidente ante todo en la cultura occidental, tiende a destruir la plenitud humana y lleva a una única visión estrecha. Si nuestros dioses modernos de la verdad y la razón admiten a la física en sus templos, pero no a la poesía, a la música y a la búsqueda espiritual, la sabiduría de esos dioses es cuestionable. Tal vez, como dijo William Blake, "la razón y Newton son dos cosas muy distintas".

La realidad es una fabricación mental

La ciencia supone que existe una fabricación abstracta y puramente racional detrás de la realidad que se percibe. Por tanto, lo que se percibe se denomina "apariencia" y a la fabricación mental se le llama "realidad". Lo que busca la ciencia es especular sobre la realidad imaginada y someter estas especulaciones a pruebas experimentales, que sólo incluyen percepciones limitadas. La llamada realidad objetiva de la actividad científica es de hecho una conjetura, quizás una de muchas posibles. No obstante, y aquí es donde está la importancia y la gloria de la ciencia, estas proyecciones subjetivas se confirman o se consideran falsas mediante procedimientos experimentales intersubjetivos.

Sin embargo, los procedimientos de las pruebas no son por completo independientes del marco teórico que están sometiendo a prueba. A medida que los experimentos científicos se vuelven más elaborados, el hecho de que una observación confirme cierta conjetura cada vez está más sujeto a la interpretación. No es posible hacer una observación científica sin una teoría previa, como lo señala Karl Popper. En la ciencia, cualquier teoría es mejor que no tener una teoría. Para iniciar un proyecto, los científicos están satisfechos con tener teorías parciales, incompletas o erróneas, en lugar de esperar a tener una correcta; hasta que una nueva teoría está disponible, no se abandona la anterior, sin importar cuantos problemas tenga.

Teorizar es fundamental en la actividad científica; lo que los científicos someten a observaciones experimentales no es la naturaleza, sino sus conjeturas sobre la naturaleza. La revolución científica marca un cambio que no sólo va de la experiencia al experimento (ver el capítulo 7, "Experiencia y experimento" en este libro) sino también de buscar una verdad cierta a teorizar sobre verdades probables. En la ciencia, la realidad es la teoría.

El papel central de la teoría es común a todas las ciencias, no sólo lo es en la física. Toda ciencia experimental es ante todo una ciencia teórica, aunque su sistema teórico puede ser más o menos explícito. Este es un ejemplo tomado de Sigmund Freud (*Introducción general*, cursivas añadidas): "Nuestro propósito no es sólo describir y clasificar fenómenos, sino concebirlos como algo producido por el juego de las fuerzas de la mente, como expresiones de tendencias que luchan por una meta y que trabajan juntas o unas contra otras. En esta concepción, las tendencias que meramente *deducimos* son más prominentes que los fenómenos que *percibimos*".

La realidad que se descubre mediante la ciencia no es necesariamente algo que se da, que tratamos de percibir cada vez con mayor precisión y en forma más completa, profundizando o purificando nuestras percepciones, como se trata de hacer por ejemplo, en el yoga. Más bien es algo que se postula basándose en datos reunidos mediante percepciones ordinarias, o percepciones que se han extendido cuantitativamente con la ayuda de instrumentos científicos, pero que no se han transformado cualitativamente. La realidad de la ciencia no es sustancial, no está al alcance de la experiencia inmediata de cualquier persona; se basa en conjeturas y en deducciones.

El conocimiento científico no se relaciona con "particularidades diminutas" que se pueden captar directa e inmediatamente. La frase "particularidades diminutas" es de William Blake. No implica restricción alguna en cuanto a escalas; una "particularidad diminuta" podría ser toda una constelación de astros, la tierra, una persona o un árbol. Conocer algo como una "particularidad diminuta" es conocerlo en su dimensión concreta y única, que no necesariamente es material, sino que podría estar en un nivel superior a los sentidos. La idea es similar a la noción de la India de que todo, árboles, ríos, la tierra, tiene un espíritu que vive en su interior *(abhimani devat)* y lo preside. El conocimiento científico, por el contrario, se aleja de lo inmediato y de la certeza que lo acompaña para producir generalizaciones abstractas que siempre están sujetas al razonamiento y al cambio.

Naturaleza de la realidad

El tiempo es ante todo lineal e uniforme, el espacio es esencialmente isotrópico, y la energía es básicamente algo que se relaciona con la calidad. La energía puede ser mayor o menor en cantidad, pero no más sutil o más burda en calidad. En principio, puede convertirse de uno a lo otro. Estas suposiciones, en particular las relacionadas con lo lineal y lo uniforme del tiempo, se vuelven problemáticas cuando se consideran cuestiones relacionadas con el origen de todo el universo. Como consecuencia de estas suposiciones, las leyes de la física pueden aplicarse a todo el tiempo y a través de todo el espacio. Además, las leyes de la conservación de la energía, del momentum y del momentum angular, se relacionan íntimamente con las propiedades simétricas que supuestamente tienen el espacio y el tiempo.

En la ciencia antigua y medieval, se consideraba que los diferentes planetas estaban hechos de diferentes tipos de materia, que estaban sujetos a diferentes leyes ya que ocupaban regiones diferentes en el espacio y estaban hechos para diferentes propósitos. Según la ciencia moderna, el lugar y la función (que es un reemplazo mecánico de la idea del propósito) de algo no son inherentes sino accidentales. Por consiguiente, nada esencial o primordialmente real en un objeto puede depender de su lugar ni de su función. Según ideas más antiguas, la tierra, con los seres humanos que hay en ella, estaba situada en un lugar específico que era adecuado para la interacción intencional de energías que tenían un propósito. Hoy en día, como la intención y el propósito no son parte de la filosofía natural, ningún lugar tiene una importancia especial en relación a algo. La tierra está donde está por coincidencia, siguiendo una concatenación de causas mecánicas.

De acuerdo a las suposiciones mencionadas antes, ante todo en la sección sobre "objetividad de la realidad", el tiempo, el espacio y la energía de la filosofía natural sólo son reales objetivamente (es decir, externamente). Son por completo independientes del nivel o del estado de la conciencia que los percibe, y en principio, la conciencia no puede afectarlos.

Si ocurre un milagro que no se puede explicar como un truco, en el que la "mente" afecte la realidad objetiva (es decir, el tiempo, el espacio y la energía externos que se pueden medir con relojes y reglas), la actitud de la ciencia moderna es o bien ignorarlo o considerarlo como contrario a las leyes de la naturaleza, o incluso considerarlo sobrenatural, en lugar de admitir que nuestra visión actual de la naturaleza es muy limitada. Por otra parte, San Agustín, en armonía con el punto de vista tradicional de la India a este respecto, hace una útil distinción cuando dice que no debemos considerar las maravillas y señales como algo "contrario a la naturaleza" sino "contrarias a lo que se sabe sobre la naturaleza" *(de Civitata Dei)*.

La materia precede a la inteligencia

Una creencia que es casi universal afirma que las causas tienen un nivel superior de sutileza e inteligencia que sus efectos. Esta idea se enuncia con claridad en la escuela filosófica conocida como Sankhya, en la que las manifestaciones más burdas emergen de las más sutiles, y a nivel más fundamental, de las no manifiestas *(avyakta)*. Desde esta perspectiva, el espíritu precede a la mente, que a su vez precede a la materia. En la filosofía natural de los siglos XVI y XVII en Europa, se consideró que las causas tenían el mismo nivel que los efectos. En física, la noción fundamental de la causalidad es que, cuando decimos que el estado A de la materia causa el estado B, sólo queremos decir que el estado A se transforma en el estado B bajo condiciones específicas y da acuerdo a las leyes de la física. No se implica en absoluto que los estados A y B estén a diferentes niveles.

En la teoría de la evolución del siglo XIX propuesta por la biología científica, se consideró que las causas tenían un nivel inferior a los efectos. Organismos menos inteligentes preceden y dan origen a animales más inteligentes. La materia precede a todas las formas de inteligencia, lo que se toma como una manifestación de una compleja organización de la materia. La compleja organización de la materia y la consecuente inteligencia de más alto nivel podrían ser por completo accidentales, o podrían ser en parte una reacción a presiones ambientales externas. Lo importante, desde un punto de vista científico, es que todo, incluyendo aparentemente los atributos internos que acompañan a la inteligencia, debe explicarse en términos de las fuerzas externas de la materia. La evolución de una especie, por ejemplo, debe explicarse a partir de la adaptación al ambiente de algún otro mecanismo externo a la especie, en lugar del impulso de evolución de la conciencia que necesita organismos más complejos para manifestarse.

Las suposiciones de occidente y la tradición de la India

Todas estas suposiciones filosóficas son radicalmente contrarias a las suposiciones correspondientes en la tradición de la India. Ciertamente, los grandes poetas y las personas que buscan lo espiritual en la tradición occidental (Goethe, Blake, Wordsworth, Yeats, Eliot) se han sentido incómodos con las implicaciones filosóficas y culturales de la ciencia y la tecnología modernas, y gran parte del malestar espiritual contemporáneo en occidente se relaciona íntimamente con el triunfo de estas suposiciones. Aquí y allá, una u otra de ellas se desafía en una u otra ciencia. Sin embargo, su hegemonía es clara a partir del hecho de que la cosmología moderna, que supuestamente es un estudio de todo lo que existe, se ha convertido en parte de la física, que trabaja con materia muerta en movimiento.

Podríamos estar tentados a pensar que los cambios científicos más importantes del siglo XX han afectado a estas suposiciones, pero no es así. No obstante, el hecho de que muchas personas lo crean, ha ayudado a preparar un clima intelectual en el que una re-evaluación radical de la ciencia sea más fácil. Hay algunas señales de cambio. El mundo está en medio de una revolución metafísica que sacudirá los cimientos de todo el pensamiento humano. Esta revolución, que al parecer todavía no involucra a los intelectuales de la India, está cuestionando todas nuestras nociones establecidas sobre el espacio, el tiempo, la materialidad, la causalidad y la mente. Se está dando forma a una ciencia alternativa y mucho más completa que la presente.

Las disciplinas espirituales y las filosofías tradicionales de Oriente podrían proporcionar ciertos elementos necesarios para la filosofía alternativa de la naturaleza que está surgiendo a escala global, si se les purifica de ciertas añadiduras religiosas que son ajenas a ellas. Si la ciencia y la tecnología en la India tuvieran un crecimiento interno orgánico, en lugar de ser un transplante quirúrgico traído de otros lugares, como de hecho lo es, es probable que la ciencia de la India fuera tan diferente de la ciencia occidental como lo es la música de la India de la occidental. Sin duda habría algunas similitudes muy básicas, pero habría diferencias en sus aspiraciones esenciales. Además, esta ciencia y tecnología alternativa estaría más integrada con el resto de la cultura de la India.

El que esta ciencia y tecnología de la India pudiera ser adecuada para las necesidades y aspiraciones de la cultura global que está emergiendo, está abierto a discusión. No obstante, es importante para la India estar libre del imperialismo de la epistemología poco saludable de Occidente, que es más perniciosa por su carácter no reconocido. La India no necesita remontarse a épocas pasadas, y el Occidente no permaneció en la antigüedad. Pero la historia le impuso a la India un desarrollo externo de la mente, sin un cambio correspondiente del corazón.

Sin embargo, la situación actual de la India es muy distinta a la de la Europa de los siglos XVI y XVII, ante todo debido a la introducción de la ciencia y la tecnología de Occidente. La diferencia más grande es que los ciudadanos de la India, a diferencia de los occidentales de antes y de ahora, deben tomar en cuenta dos culturas: su propia historia, filosofía, ciencia y religión, y también la historia de Occidente, su filosofía, su ciencia y su tecnología. La India ignorará al Occidente a su propio riesgo; pero si la India ignora su propia alma, no quedará nada que necesite resguardarse del peligro.

Siendo fiel al espíritu de su propia cultura, la India a final de cuentas no puede depender de ningún plan institucional o tecnológico. Su futuro depende de la profundidad de comprensión y de la grandeza de ser de sus líderes intelectuales. *Buddhi* ha sido una inteligencia más grande que la de *manas*, e incluye el sentimiento tanto como la razón. Además, una suposición fundamental en la tradición de la India es que para llegar a una gran verdad uno debe ser grande. Sólo podrán ayudar al crecimiento adecuado de la cultura, que debe ser de adentro hacia fuera, aquellas personas que estén razonablemente familiarizadas con el pensamiento, la ciencia y la tecnología de Occidente, pero que al mismo tiempo no hayan sido abrumadas por la cultura Occidental a tal grado que no sean capaces de ver las alternativas.

Por otra parte, los intelectuales de la India no deben ser indiferentes u hostiles hacia los valores ni las ideas de Occidente, sólo porque vienen del exterior. El Occidente, al igual que la India, tiene un rayo de la verdad ilimitada. Los rayos son diferentes, quizás tienen colores complementarios, y tal vez necesiten amplitud para crecer y expresarse. La tradición de la India siempre ha creído que la verdad puede alcanzarse en muchas formas, pero que uno debe encontrar su propia forma distintiva y debe dedicarse a ella, tanto a escala individual como cultural. Sólo siendo nosotros mismos de forma auténtica, podremos entender la situación humana general y contribuir al bienestar global.

Por tanto, los líderes intelectuales de la India tendrán que estar profundamente en contacto con la tradición de la India, ser conscientes de su misión específica, y estar enamorados de ella, no por ella misma, sino por la Verdad, que no pertenece exclusivamente a la India o a Occidente. Si la India ignorara su propia profundidad esencial, bloquearía una emanación luminosa del Sol universal. Ese Sol no es sólo una esfera de fuego; en realidad es uno de los *Adityas* (dioses sagrados planetarios), nacidos de la unión de *Aditi* (literalmente "ilimitada", que también es una antigua diosa del espacio) y de *Kashyapa* (literalmente "visión", y también un sabio de la antigüedad), que constantemente dispersan a los *Daityas* (demonios, complementos de los divinos Adityas), que en contraste nacieron de una visión que es limitada (*Diti*, "limitada" y también una antigua diosa de los fenómenos de la tierra, complemento de Aditi).

Capítulo cinco

Yoga y conocimiento

La teoría y práctica del yoga se originan en las alturas, es decir, en la visión del estado de conciencia más alto posible. No es algo que se haya forjado o diseñado desde abajo, o que la mente humana pueda siquiera entender, sin importar lo inteligente que sea. El yoga es una revelación sobrehumana *(apaurusheya)*; viene de la región de los dioses. Desde el punto de vista mitológico, se dice que el Gran Dios Shiva le enseñó yoga a su amado Parvati, por el bien de la humanidad. El razonamiento humano no puede validarlo ni refutarlo; por el contrario, la cordura o salud relativa de una mente se mide por su acuerdo con las frases de los grandes sabios, que han sido transformados por la práctica del yoga. Es una visión captada por el "tercer ojo", en comparación con el cual nuestros dos ojos usuales son sólo sombras.

A pesar de la naturaleza reveladora del yoga, no requiere de una mera fe, y ciertamente de nada que se oponga al conocimiento. Lo que sí requiere es que el ser humano ejerza un máximo esfuerzo con su mente, su corazón y su cuerpo, para realizar una práctica que lleva a una total transformación del ser, a un cambio más que una mutación. Por tanto, el yoga no sólo logra la visión de Shiva y de los sabios a través del tercer ojo, para que nosotros la recibamos, sino que su objetivo es ayudarnos a desarrollar y a abrir el tercer ojo en nosotros de modo que podamos tener una visión espiritual similar a la de Shiva y los sabios. Esto se transmite en la etimología de la palabra *yoga*: se deriva de la raíz *yuj*, que significa "poner un yugo, unir, poner bajo control". Cuando el cuerpo y la mente humanas se ponen bajo el control del Espíritu *(Purusha, Atman, Brahmán)*, que está tanto en el interior del ser humano como en el exterior, la persona está en yoga.

El objetivo del yoga

El yoga es al mismo tiempo una religión, una ciencia y un arte, pues se relaciona con ser *(sat)*, con conocer *(jñana)* y con hacer *(karma)*. El objetivo del yoga, sin embargo, va más allá de estos tres factores, y más allá de cualquier factor opuesto que estos pudieran implicar (Ravindra, "¿Es la religión una psicoterapia?"). El yoga busca el *moksha*, que es una libertad incondicional y sin causa. Este estado de libertad está, por su propia naturaleza, más allá de las dualidades de ser y no ser, del conocimiento y la ignorancia, de la actividad y la pasividad. El camino hacia el *moksha* es el yoga, que es como una ruta o una disciplina hacia la integración.

Para alcanzar el objetivo del yoga se requiere que un ser humano se transforme, pasando de una forma natural y presente a una forma perfecta y real. El estado de *prakrita* (literalmente, "natural, vulgar, no refinado") es un estado en el que la persona actúa en forma compulsiva reaccionando a las fuerzas de la naturaleza y en el que todas las acciones se determinan por la ley del karma, la ley de la acción y la reacción. A través del yoga, sin embargo, uno puede llegar a ser *samskrita* (literalmente, "bien formado, culto, refinado"), y por tanto ya no estar totalmente a merced de las fuerzas y las inclinaciones naturales.

El procedimiento del yoga corresponde al significado de la raíz de la palabra *educación:* ayuda a sacar de nuestro interior lo que de hecho ya está en nosotros pero no se podía percibir estando sin pulimento. El traer al exterior en forma progresiva a la persona real *(purusha)* del aspirante es muy parecido a liberar una figura de una piedra sin forma. Emprender la práctica del yoga involucra a la persona en su totalidad, y como resultado se da forma nueva a la mente, al cuerpo y a las emociones; en resumen es un *nuevo nacimiento*. A diferencia de la escultura, la remodelación que se logra en el yoga es esencialmente del interior al exterior, pues el yogui es el artista, la piedra y los instrumentos. Pero una persona no crea el estado de libertad; si está preparada de forma adecuada y no insiste en poseer y controlar todo, puede permitir que aflore lo que está en niveles interiores profundos y dejarse poseer por ello.

La analogía entre el yoga y la escultura no debe malinterpretarse, ni se debe creer que el yoga lleva a un individualismo extremo en el que los individuos crean su propio destino. La libertad a la que aspira un yogui no es una libertad *para* el yo, sino un liberarse *del* yo. Desde un punto de vista estrictamente metafísico, no se puede decir que un yogui sea el artista que da forma a su propia vida; la verdadera iniciativa pertenece sólo al *Brahmán* que habita en el corazón de todos. Una persona no crea un estado de libertad; pero con una preparación adecuada y sin una insistencia en poseerlo y controlarlo todo, un individuo puede permitir que aflore lo que hay en su interior y dejarse poseer por ello.

El cuerpo y lo encarnado

El yoga empieza a partir de un reconocimiento de la situación humana. Los seres humanos están atados por las leyes de los procesos, y sufren como consecuencia de esas ataduras. El yoga avanza concentrándose en el conocimiento de uno mismo. Se podría decir que este conocimiento es el método esencial y al mismo tiempo la meta esencial del yoga. Sin embargo, el conocimiento de uno mismo es un asunto relativo. No sólo depende de la profundidad y claridad de la visión interna, sino también de lo que se considera que es ese "uno mismo" que hay que conocer. El cambio progresivo que va de identificarlo con el cuerpo (lo que incluye al corazón y a la mente) a identificarlo como algo que habita en el cuerpo es el desarrollo más crucial en el yoga. Los idiomas antiguos y modernos de la India reflejan esta perspectiva en las expresiones que usan para describir la muerte de una persona: En contraste con la expresión *entregar el alma* que se usa en idiomas occidentales, en el lenguaje de la India se dice *entregar el cuerpo*. No es el cuerpo el que tiene al espíritu, sino el espíritu quien tiene al cuerpo. El yogui identifica menos a la persona con su *cuerpo* y más como el ser *encarnado* en el cuerpo.

Identificar a la persona que hay en uno mismo con algo distinto al cuerpo y a la mente, es la libertad del cuerpo y de la mente que sólo es posible a través de un funcionamiento y una reestructuración adecuada del cuerpo y de la mente. La palabra sánscrita *sharîra* es útil para salir por completo del dilema de la filosofía occidental moderna que se conoce como "mente y cuerpo". Aunque *sharîra* por lo general se traduce como "cuerpo", significa todo el complejo psicosomático de cuerpo, mente y corazón. *Sharîra* transmite el mismo concepto que "carne" en el Evangelio de San Juan, por ejemplo en Juan 1.14, donde dice: "El Verbo se hizo carne y habitó entre nosotros" (Ravindra, *Cristo, el yogui*). Lo importante, tanto en el contexto hindú como en el de San Juan, es que el elemento espiritual, que se conoce como *Purusha*, *Atman* o *Logos* ("el Verbo"), está por encima del complejo psicosomático de un ser humano y no debe identificarse con la mente, que es parte del *sharîra*, o "carne".

Sharîra es el instrumento de transformación y al mismo tiempo es el espejo que refleja esta transformación. Conocer la manera en que una persona se sienta, camina, siente y piensa puede ayudar a conocer su yo relativamente "más real"; después, el conocimiento de ese yo se refleja en la forma en que la persona se sienta, camina, siente y piensa. *Sharîra* que es un prakriti en miniatura o individualizado, es el medio necesario para completar y manifestar al ser espiritual interno, que en sí puede entenderse como el Brahmán (literalmente "vastedad") individual, cuyo cuerpo es la totalidad del cosmos, tanto sutil como burda.

Existe una correspondencia entre el microcosmos, que es el ser humano, y el macrocosmos o universo. Cuanto más desarrollada esté una persona, más corresponde a los aspectos más profundos y más sutiles del cosmos; sólo un ser humano totalmente desarrollado *(mahâpurusha)* refleja toda la creación. Considerar que el *sharîra* o el mundo es un obstáculo y no una oportunidad es similar a considerar que la piedra burda es una obstrucción para la estatua terminada.

Sharîra es la sustancia con la que cada uno de nosotros realiza una obra de arte, de acuerdo a su capacidad para responder al impulso y a la iniciativa del interior. Esta sustancia pertenece al *prakriti* e incluye lo que normalmente se conoce como procesos psíquicos, orgánicos e inorgánicos. Pensar que la mente y el cuerpo siguen las mismas leyes o que las sustancias psíquicas, orgánicas e inorgánicas reciben el mismo trato, no lleva al tipo de reduccionismo que se relaciona con la mentalidad científica moderna, en la que lo ideal es describir todo lo que hay en la naturaleza sólo en términos de materia muerta que está en movimiento al reaccionar a fuerzas carentes de propósito. Aunque el *prakriti* se atiene a la causalidad estricta, está vivo y tiene propósito, y toda existencia, incluyendo a las piedras, tiene una psique y un propósito. Desde una perspectiva tradicional, se entiende que la creación viene de lo más alto a lo más bajo; lo que contradice a la visión de la cosmología científica moderna en la que la materia precede al espíritu.

Ver a través de los órganos de la percepción

Aunque existen muchas clases de yoga, como el karma yoga (integración mediante la acción), el bhakti yoga (unión a través del amor), el jñana yoga (poner bajo control a través del conocimiento), y otras, la tradición de la India por lo general afirma que sólo existe un yoga central, con un objetivo central de poner bajo control a la totalidad del cuerpo y la mente para los propósitos del espíritu. Surgen diferentes yogas debido al énfasis variante que se da a los métodos y procedimientos que adoptan los diversos maestros y escuelas.

El texto sobre yoga con mayor autoridad es el *Yoga Sûtras*, que consiste en aforismos sobre el yoga compilados por Patañjali entre el segundo siglo antes de la era común y el cuarto siglo de la era común, aproximadamente. Estos aforismos se tomaron de materiales con los que los gurús (maestros) de la espiritualidad hindú ya estaban familiarizados. Patañjali declara específicamente que el ver y conocer con claridad son funciones del *purusha* (la persona interior) y no de la mente.

La mente se limita a modos de juzgar y comparar, al conocimiento razonado, la asociación, la imaginación, el soñar y recordar, y a través de todo eso se aferra a las dimensiones pasada y futura del tiempo. Con estas funciones y cualidades, la mente tiene un alcance limitado y no puede conocer la verdad objetiva de nada. La mente no es el verdadero conocedor; puede calcular, hacer predicciones relacionadas con el tiempo, deducir implicaciones, citar a la autoridad, hacer hipótesis o especular sobre la naturaleza de la realidad, pero no puede ver los objetos directamente y desde el interior, tal como realmente son en sí.

Para permitir que ocurra una visión directa, la mente, que por su propia naturaleza trata de mediar entre el objeto y el sujeto, debe silenciarse. Cuando la mente esté totalmente silenciosa y totalmente alerta, tanto el sujeto real *(purusha)* como el objeto real *(prakriti)* están presentes ante ella de manera simultánea. Cuando el que observa está ahí y lo que va a ser observado está ahí, la acción de observar ocurre sin distorsiones.

Entonces no hay comparaciones ni juicios, no hay malentendidos, no hay fantasías respecto a cosas que estén en el lugar equivocado en cuanto al tiempo y al espacio, no hay un adormecimiento que lleve al descuido ni un aferrarse al conocimiento o a la experiencia del pasado; en pocas palabras, no hay distorsiones introducidas por los órganos de la percepción, es decir, la mente, los sentimientos y los sentidos. Simplemente hay un ver en el momento presente y viviente del ahora eterno. Ese es el estado de atención perfecta y libre, *kaivalya*, que es simplemente ver, sin que el que ve esté separado de lo que está viendo, como en ocasiones lo han interpretado erróneamente quienes hacen comentarios sobre el yoga. En este estado, el que ve lo hace través de los órganos de la percepción, no ve con ellos.

Desde el punto de vista del yoga, es muy importante distinguir claramente entre la mente *(chitta)* y el que en verdad está viendo *(purusha)*. *Chitta* aparenta saber, pero tiene la misma naturaleza que lo que conoce y ve; en otras palabras, es un objeto, no un sujeto. Sin embargo, puede ser un instrumento de conocimiento.

Esta identificación errónea del que ve y lo que se ve, de la persona con sus órganos de percepción, es el error fundamental a partir del cual brotan todos los demás problemas y sufrimientos (*Yoga Sûtras* 2.3-17). Debido a esta ignorancia fundamental surge el *asmitâ* (la actitud de "yo soy esto", el egoísmo), que crea una limitación a causa de la particularización. *Purusha* dice: "YO SOY"; *asmitâ* dice "yo soy esto" o "yo soy eso". A partir de este egoísmo e importancia personal brota el fuerte deseo de perpetuar la especialización de uno mismo y la resultante separación de todo lo demás. El tipo de "conocimiento" que se basa en esta identificación errónea siempre tiene un toque de orgullo y una tendencia a controlar o a temer.

La manera de liberarse de la ignorancia que es la causa de todo sufrimiento, es una incesante visión de discernimiento *(viveka khyâti)*; tal visión por sí misma puede permitir que brote un discernimiento trascendental *(prajña)*. Nada puede forzar la aparición de este discernimiento; lo único que uno puede hacer es prepararle el terreno.

El propósito de prakriti es guiarnos a ese discernimiento, así como el propósito de una semilla es dar fruto; lo que un aspirante necesita hacer al preparar el jardín es eliminar las malas yerbas que obstaculizan el desarrollo pleno de la planta. La tierra que debe prepararse es la totalidad del organismo psicosomático, pues a través de ese organismo *purusha* ve y *prajñâ* surge, no sólo a través de la mente, las emociones o el cuerpo físico en sí. Una persona cuyos sentidos están embotados tiene muy pocas posibilidades de llegar a prajña, como por ejemplo, la que tiene una mente estúpida o malos sentimientos. La agitación en cualquier parte del organismo causa fluctuaciones en la atención y enturbia la visión. Esta es la razón por la cual el yoga pone tanto énfasis en preparar el cuerpo para la llegada del verdadero conocimiento. Al revertir las tendencias usuales del organismo, sus agitaciones pueden tranquilizarse y la mente puede conocer su verdadero lugar ante *purusha*: el lugar de lo que es conocido, no el de quien conoce (*Yoga Sûtras* 2.10, 4.18-20: Ravindra, "Yoga : El camino real").

La atención samyama como instrumento de conocimiento

En el yoga clásico hay ocho ramas; las cinco primeras se relacionan con la purificación y preparación del cuerpo y las emociones, mediante la respiración y adquiriendo la actitud correcta; las tres últimas se llaman ramas internas en comparación con las primeras cinco que son relativamente externas. Estas últimas son *dhâranâ*, *dhâyna* y *samâdhi*. *Dhâranâ* es una concentración en que el nivel consciente se ata a un solo punto. *Dhâyna*, que es de donde se deriva el Zen japonés, a través del Ch'an chino y el Sôn coreano, es la contemplación o la absorción meditativa en la que hay un flujo continuo de atención desde lo que observa hacia lo que está observando. En estas dos ramas, el que observa actúa como el centro de la conciencia, la cual ve. Cuando ese centro se quita, es decir, cuando el que observa es *purusha*, a través de la mente que se ha vaciado de sí misma, se llega a un estado conocido como *samâdhi*. Es un estado de silencio, de inteligencia tranquila y vaciedad de mente, en el que la mente se convierte en el objeto al que está prestando atención y al que refleja tal cual es.

La visión interna que se logra en el estado de *samâdhi* contiene verdad *(ritambhara)*; el alcance y la naturaleza de este conocimiento son diferentes al conocimiento que se adquiere con la mente o los sentidos. El discernimiento de *prajña* revela la particularidad única, más que una generalidad abstracta o un objeto. A diferencia del conocimiento mental, en el cual existe una oposición entre el objeto y la mente subjetiva, una oposición que inevitablemente lleva al sufrimiento, se dice que la comprensión del *prajña*, nacida de una visión constante del discernimiento, es "liberadora". Esta visión puede ser de cualquier objeto, grande o pequeño, lejano o cercano, del pasado, del presente o del futuro, ya que carece de secuencia de tiempo, está presente en todas partes al mismo tiempo, como un fotón en la física, dentro de su propio marco de referencia.

Las ramas internas del yoga, es decir, *dhâranâ*, *dhâyna* y *samâdhi* consideradas juntas, constituyen lo que se llama *samyama* ("disciplina, restricción, reunión"). La aplicación de *samyama* a cualquier objeto lleva a la percepción directa de ese objeto, pues en ese estado mental, es como una joya transparente que asume el verdadero color del objeto con el que se funde (*Yoga sutras* 1.41). La atención especial que prevalece en el estado de *samyama* puede aplicarse a cualquier cosa que pueda ser objeto de percepción, sin importar lo sutil que sea, en cualquier aspecto de *prakriti*.

La ciencia natural del yoga

Según el yoga, el método básico para investigar la naturaleza es presentarse con una mente en completa quietud y esperar sin agitación ni proyección, dejando que el objeto se revele en su propia naturaleza real, dando su propio color a la mente transparente. Esta ciencia se extiende aun más mediante el principio de analogía e isomorfismo entre el macrocosmos y el microcosmos, que es el organismo humano. Por tanto, se entiende que el conocimiento de uno mismo lleva a un conocimiento del cosmos. Un ejemplo de este isomorfismo se encuentra en el yoga Darshana Upanishad (4.48-53) donde los *tîrtha* externos ("alimentos sagrados, lugares de peregrinaciones, aguas sagradas") se identifican con las diferentes partes del organismo: "El Monte Meru está en la cabeza y Kedara en tu frente; entre tus ojos, cerca de la nariz, escucha amado discípulo, está Varanasi; en tu corazón está la confluencia del Ganga y el Yamuna".

Un gran número de aforismos del *Yoga Sûtras* (3.16-53) describen el conocimiento y los poderes que se adquieren al poner la atención en diversos objetos estando en un estado de samyama. Por ejemplo, se nos dice que al aplicar el *samyama* al sol, se logra una comprensión interna del sistema solar, y al aplicarlo a la luna, un conocimiento de la distribución de las estrellas (*Yoga Sûtras* 3.26-27). De manera similar, muchos poderes ocultos y extraordinarios *(siddhis)* aumentan en el yogui aplicando el estado de *samyama* a diversos aspectos de sí mismo: por ejemplo, al aplicar el *samyana* a la relación entre el oído y el espacio, uno adquiere el oído divino con el cual escuchar a distancia o escuchar sonidos muy sutiles que por lo general no es posible escuchar. Patañjali menciona muchos otros poderes; sin embargo, no es lo que más le interesa. No implica que haya nada malo en estos poderes; tampoco implica que haya algo malo en la mente. Más bien, lo importante es que la mente en sí es un instrumento inadecuado para alcanzar el verdadero conocimiento; de manera similar, estos poderes, sin importar lo vastos y fascinantes que sean, son inadecuados como meta del verdadero conocimiento.

Es un error sugerir que el yoga no está interesado en el conocimiento de la naturaleza y sólo se ocupa del conocimiento de uno mismo. Desde la perspectiva del yoga, esta es una distinción errónea para empezar, simplemente porque cualquier "uno mismo" que se pueda conocer, sin importar lo sutil que sea, es parte de la naturaleza y no está separado de ella. El yo más profundo, que es el único capaz de ver y conocer de verdad, no puede conocerse; pero es posible identificarse con él. Uno puede llegar a ser ese yo *(Atman, Purusha)* y conocer con él, desde su nivel, con claridad. De ninguna manera se considera que *prakriti* sea irreal o que meramente sea una proyección mental; es muy real, y aunque puede abrumar a la mente con su dinamismo y sus encantos y ocultar la verdad, en su lugar apropiado y con su función adecuada, existe para servir a la persona verdadera *(purusha).*

No obstante, es totalmente cierto que los procedimientos, los métodos, las actitudes y las percepciones que involucra el yoga son radicalmente diferentes a los de la ciencia moderna, como también lo son las metas de estos dos tipos de conocimiento (ver el capítulo 3, "La percepción en el yoga y en la física", en este libro). En pocas palabras, se puede decir que, a diferencia de la ciencia moderna, el conocimiento en el yoga es un conocimiento del tercer ojo, cuya naturaleza es transformante. Es un conocimiento que no ejerce violencia hacia el objeto que está investigando; es conocimiento mediante participación, no mediante alejarse o ponerse en contra del objeto. En el yoga, el conocimiento busca ante todo ver en realidad y alcanzar la libertad que resulta de eso (Ravindra, *Murmullos*, en especial los capítulos 1, 2 y 6).

Yoga y prana

El respirar apropiadamente tiene una función de gran importancia en el yoga. La calidad de la respiración de una persona se relaciona íntima y directamente con su estado interior, como puede verse mediante una observación de uno mismo, que incluso podría ser superficial. La apreciación tradicional de este hecho se refleja en todos los lenguajes antiguos, en especial los de las escrituras. En ellos, las palabras para "espíritu", "aliento" y "aire" o bien son las mismas o son muy cercanas entre sí. Esto ocurre, por ejemplo, en el sánscrito, el pali, el chino, el hebreo, el árabe y el griego.

Una de las ocho ramas del yoga clásico es *Prânâyâma*, que se relaciona con entrenar a las personas a respirar correctamente. *Prâna*, que se traduce como "respiración", es de hecho la totalidad de la sutil energía de la vida, que conecta a la mente con la conciencia. Se dice que *Prâna* siempre está presente en todas partes. En el pensamiento hindú, *Prana* se identifica con *Purusha*, *Atman*, la esencia cósmica y *Brahmán*. Es la energía vital que anima a todo ser. La calidad de ser de la persona corresponde a la calidad de *Prâna*. El concepto similar de *chi*, *qi* o *ki* en las tradiciones china, coreana y japonesa, es muy cercano al de *Prâna* en el pensamiento de la India, con un alcance y sutileza similares y con una dificultad similar para explicarlo en términos científicos usuales.

Incluso en el nivel más ordinario de cultura física, las personas que son capaces de controlar su respiración llevan a cabo grandes hazañas de fuerza. No obstante, es importante enfatizar que el *prâna* que es más sutil y más cercano al espíritu *(purusha, pneuma)* no se puede manipular o controlar desde abajo, por la mente o el cuerpo. Lo que se puede hacer es permitir que el sutil *prâna* impregne la mente y el cuerpo, lo que en sí producirá la transformación alquímica del organismo, haciéndolo cada vez más sensible.

De modo que en el análisis final, esto no se relaciona con controlar al *prâna* , sino con ser controlado por él. Ahí está la principal dificultad en cuanto a llevar a cabo un estudio científico del *prâna.* Lo que la mente puede estudiar en la modalidad científica actual es sólo lo que en cierto sentido la mente puede manipular y controlar, y lo que, por lo tanto, está por debajo del nivel de la mente (ver capítulo 7, "Experiencia y experimento", en este libro). Cuando la mente está ante algo que es superior a ella, necesita aprender a estar en silencio y escuchar.

Es necesario añadir un comentario más respecto a las diversas prácticas del yoga: lo que está abajo no puede ejercer coacción sobre lo que está arriba. No es posible ejercer fuerza sobre una conciencia o un espíritu superior mediante la manipulación del cuerpo o de la respiración. Una postura física o una conducta moral correctas pueden ayudar al desarrollo interno, pero no lo determinan ni lo garantizan. Más a menudo, el comportamiento externo refleja el desarrollo interno. Por ejemplo, una persona no necesariamente llega a ser sabia mediante la respiración o pensando en cierta forma; pero una persona respira y piensa así porque es sabia. Las acciones reflejan al ser más de lo que lo afectan.

Capítulo seis

La ciencia y lo sagrado

La ciencia, y ciertamente todo trabajo intelectual, tiene una naturaleza sagrada que debe recuperarse, afirmarse y celebrarse. Cuando lo intelectual no se orienta a la Sabiduría Divina y a servirla, se convierte en una fuerza de fragmentación, de servicio a uno mismo y de maldad.

Para algunos de los científicos más importantes, la ciencia ha sido un camino espiritual, una forma de conectarse con lo sagrado y servirlo. Si se comprende y se orienta correctamente, puede serlo una vez más. Los mejores científicos siempre han abordado la ciencia como una actividad sagrada; una actividad que puede revelar "los secretos del Antiguo", como lo dijo Einstein (ver capítulo diez, "La ciencia como un camino espiritual", en este libro). En sus propias palabras, Kepler fue "un sacerdote de Dios en el templo de la Naturaleza", y por extensión también lo son los demás científicos. (Ravindra, "Kepler".)

Einstein (*Ensayos*) describe la naturaleza sagrada de la ciencia:

> Por supuesto, existe un acuerdo universal de que la ciencia debe establecer conexiones entre los hechos de la experiencia, el tipo de hechos que podemos predecir que ocurrirán en el futuro a partir de los que ya hemos experimentado. En realidad, según la opinión de muchos positivistas, el logro más completo posible de esta tarea es el único objetivo de la ciencia. No obstante, yo no creo que un ideal tan elemental pueda hacer gran cosa para encender en el investigador la pasión de la cual en realidad han surgido grandes logros. Detrás de los incansables esfuerzos de un investigador, existe un impulso más fuerte y misterioso: la existencia y la realidad que desea comprender.

En otra ocasión, al referirse a la gran calidad del trabajo científico de Max Plank, Einstein (*Ensayos*) dijo: "El estado mental que hace posible que un hombre lleve a cabo este tipo de trabajo es similar al de quien rinde culto en una religión o al de alguien que está enamorado". Y también (*Ensayos*): "Es cierto que una convicción de la racionalidad del mundo o de la posibilidad de entenderlo, que es similar a un sentimiento religioso, respalda todo el trabajo científico de alto nivel".

Lo sagrado

Einstein no usó la frase "sentimiento religioso" en un sentido sectario o relacionado con una iglesia; se refería a un sentimiento de temor reverente, de misterio, sutileza y vastedad; precisamente el sentimiento que se tiene en presencia de lo Sagrado. En otro contexto (*Ideas y opiniones*) lo describió como un "sentimiento religioso cósmico" que él consideraba "el motivo más fuerte y noble para la investigación científica". Este es:

> un extático sentimiento de asombro ante la armonía de la ley natural, que revela una inteligencia tan superior que, comparados con ella, toda acción y pensamiento sistematizado de los seres humanos es una reflexión en extremo insignificante.... Lo más hermoso que podemos experimentar es lo misterioso. Es la fuente de todo arte y ciencia verdaderos. ... Saber que lo que es impenetrable para nosotros realmente existe, y se manifiesta como la sabiduría más sublime y la belleza más radiante que nuestras torpes facultades sólo pueden comprender en sus formas más primitivas... este conocimiento, este sentimiento, está en el centro de la verdadera religiosidad. En este sentido, y sólo en este sentido, pertenezco a las filas de los hombres devotamente religiosos. (Einstein, *Ideas y opiniones*.)

Al decir "verdadera religiosidad", Einstein se refiere a una sutil combinación de sentimiento y conocimiento, una respuesta humana plena a lo Sagrado que está muy por encima de lo que cualquier facultad humana puede comprender, pero que toca a los seres humanos como toca a todo lo demás en el cosmos (Ravindra, "Einstein"). Esto es lo que los seres humanos, en sus niveles más altos, siempre han deseado saber, siempre han amado, y siempre han tratado de servir. Como es natural, las clasificaciones y designaciones han variado de una cultura a otra, y de un siglo a otro, pero la Sabiduría superpersonal, la Inteligencia, el Ser, Dios, el Misterio, lo Vasto, la Verdad, el Amor, el Tao, el Único o Eso, es Sagrado. Es lo que ilumina al Buda, lo que unge al Cristo, lo que motiva a Sócrates en su amor por la Sabiduría, y hace que Krishna atraiga a los seres humanos hacia sí como la encarnación del Altísimo. Y es lo que asombra a Einstein en su búsqueda del orden cosmológico.

Obstáculos para reconocer lo sagrado

¿Entonces por qué en la actualidad muchas personas (algunas de ellas reflexivas y de buena voluntad) ven a la ciencia como una fuerza que se opone a la espiritualidad y que ha sido ante todo responsable del empobrecimiento de la naturaleza y de la pérdida de su naturaleza sagrada? La motivación más alta de los grandes científicos del pasado era entender la Sabiduría Divina a través del estudio de la naturaleza y servir a la humanidad a través de las aplicaciones tecnológicas de la ciencia. En la actualidad, muchas personas parecen relacionar la ciencia con el control y la explotación de la naturaleza para servir a un complejo militar e industrial, atado por el miedo y la avaricia.

¿Qué es la realidad? ¿Realmente han cambiado las motivaciones de los científicos? ¿O las presiones históricas y sociales a que están sujetos los han obligado a servir propósitos que posiblemente no estén de acuerdo con sus aspiraciones más altas? ¿Son algunos de estos cambios paralelos a las diferencias entre las aspiraciones de los grandes santos del pasado y lo que establecen las iglesias en la actualidad?

Desde finales del siglo XVIII, casi todos los científicos, que en su mayoría han sido de origen europeo y han tenido un trasfondo cultural que se basa en las religiones bíblicas, no describen su relación con lo sagrado en términos religiosos convencionales, en especial en relación con una fe en un Dios personal. Sienten una incompatibilidad entre la ciencia y ese tipo de fe. Es posible que en nuestros días, la relación de los científicos con lo Sagrado se exprese como asombro, belleza, armonía matemática o búsqueda de la verdad, del orden cosmológico y de la unidad de las leyes y las fuerzas. Todos estos son sentimientos que se aprecian mucho en las grandes tradiciones del mundo, como características de una mente muy espiritual o religiosa.

Tal vez lo que hace que los científicos estén recelosos respecto a aceptar un sentido de lo Sagrado, es el hecho de que la inteligencia Divina se ha confinado a una formulación teológica exclusivista en términos de un Dios personal. Citando de nuevo a Einstein (*A partir de mis últimos años*):

> La fuente principal de los conflictos del presente entre las esferas de la religión y de la ciencia se basa en este concepto de un Dios personal... En su lucha por un bien ético, los maestros de religión deben tener la estatura suficiente para renunciar a la doctrina de un Dios personal, es decir, renunciar a la fuente de temor y esperanza que en el pasado puso tanto poder en manos de los sacerdotes. En su labor, tendrán que hacer uso de las fuerzas que son capaces de cultivar el Bien, la Verdad y la Belleza en la humanidad en sí. Seguramente esta es una tarea más difícil, pero incomparablemente más digna.

Como durante los últimos tres siglos las religiones occidentales han enfatizado más y más el hecho de que la fe se contrapone a la razón, se ha llevado a los científicos a un campo de conocimiento, experiencia y discernimiento que aparentemente se opone a esto (Ravindra, "Física y Religión"). Además, ante las constantes guerras que se han librado en Europa entre las diversas sectas de la fe cristiana, muchas personas, incluyendo a algunos científicos con gran orientación espiritual, prefirieron separar por completo sus actividades de una religión sectaria. Pero una separación de la religión sectaria no es lo mismo que una separación de lo Sagrado.

La ciencia ha llegado a institucionalizarse a gran escala, en especial durante el siglo XX, cuando la contribución básica de la ciencia y la tecnología a los esfuerzos de la guerra se apreciaba cada vez más. Como resultado, la ciencia y la tecnología se entrelazaron profundamente en la mente de quienes creaban la política y en la mente del público en general. La cercana conexión entre la ciencia y la tecnología y el énfasis en los aspectos utilitarios del conocimiento, debieron tener un efecto pernicioso en las aspiraciones más puras de los científicos, en especial cuando el dominio de la naturaleza se separa del impulso espiritual para transformar nuestra naturaleza interna con el fin de servir a la Divinidad.

Cuando no podemos controlar gran parte de la naturaleza sin someternos a las disciplinas espirituales que militan contra la ambición, la codicia y la arrogancia, el resultado es inevitable. Nuestro impulso de explotar la naturaleza, otras culturas y otras especies no está siendo restringido por nuestros impulsos hacia el amor y la compasión, que son de más alto nivel, pero no han sido cultivados. Es fácil olvidar lo que dijo Einstein (*Ideas y opiniones*), haciendo eco al discernimiento de todos los grandes sabios espirituales del mundo: "El verdadero valor de un ser humano se determina ante todo por la medida y el sentido en el que ha logrado liberarse de sí mismo".

La ciencia y la tecnología modernas son las expresiones más desarrolladas de la racionalidad occidental y constituyen las mayores fuerzas de modernidad, no sólo en Occidente, sino en todo el mundo. Todo lo que es bueno y deseable en nuestra era moderna, al igual que todo lo que es malo y causa problemas, tiene algo que ver con la ciencia y la tecnología, en forma directa o indirecta. La ciencia y la tecnología subrayan la naturaleza específica de la vida contemporánea. En todas partes, la gente desea cultivar y usar la ciencia y la tecnología, que son el *sine qua non* del desarrollo. Toda nación parece estar convencida de que, sin pericia científica y tecnológica, perdería su competitividad y eso la llevaría a bajar su nivel de vida.

Por otra parte, muchas personas reflexivas en todo el mundo, incluyendo a las de sociedades occidentales hiperindustrializadas, están incómodas ante la acelerada marcha de la tecnología. El papel que tenía el destino en las sociedades primitivas lo tiene ahora la fuerza inexorable de la tecnología en los países avanzados en el campo de la industria. De una tecnología sin freno, brota un sentido de amenaza al entorno, a nuestro bienestar físico, emocional y mental, a la familia y a los valores sociales, a la espiritualidad, al sentido de relación con el cosmos, y a otras formas de conocimiento. Debido a su conexión íntima y obvia con la tecnología, la propia ciencia se ve en ocasiones como la fuente de esta amenaza.

El éxito que la ciencia ha tenido durante los últimos cuatro siglos, para comprender los misterios del universo, incrementada por su relación con estructuras de poder mediante la tecnología, ha llevado a algunos científicos a un estado de arrogancia. Aunque los grandes científicos rara vez han creído que el enfoque científico a la naturaleza es la única manera de entender la totalidad de la realidad, algunos científicos y filósofos de la ciencia han llegado a la conclusión de que "lo que no es científico no tiene sentido". Esa actitud no sólo daña el carácter abierto de la investigación científica, sino que le impone a la naturaleza una visión particular y limitada.

En cualquier etapa de desarrollo científico, son necesarias ciertas suposiciones sobre la naturaleza, con el fin de hacer que las observaciones sean manejables y puedan comunicarse a otros. Pero eso no significa que los aspectos de la naturaleza que se pueden medir externamente y se pueden cuantificar, sean lo único que existe en la naturaleza o en la realidad. Como dijo Einstein: "Lo más hermoso que podemos experimentar es lo misterioso". Insistir en una visión específica de la naturaleza, como a menudo se hace en nombre de la ciencia, es empobrecer a la naturaleza al igual que a la humanidad.

La historia de la ciencia muestra que ésta no es una actividad terminada o muerta que no puede sufrir cambios radicales en sus suposiciones y procedimientos. La ciencia del futuro, en la medida que se aleje radicalmente de la ciencia actual, naturalmente tendrá diferentes suposiciones y procedimientos. Quienes han llegado a la conclusión de que la ciencia ha traído desilusión y muerte a la naturaleza, necesitan recordar que la ciencia ha sido un camino maravilloso hacia los misterios de la naturaleza, y es probable que siga guiando a la gente a las puertas del Misterio.

No es posible imaginar un orden sensato en el mundo sin las contribuciones de la ciencia y la tecnología, que llegan a nosotros con una promesa de prosperidad y de salud. Al mismo tiempo, algunas personas perciben una erosión en los valores y en el significado de la vida humana, que relacionan con la rápida industrialización producida por el desarrollo de la ciencia y la tecnología. Las personas reflexivas y sensatas de todo el mundo perciben tanto la promesa como la amenaza de la ciencia y la tecnología, pero esto se siente con más fuerza en las sociedades tradicionales de los países no occidentales.

¿Marginarán la ciencia y la tecnología modernas a las formas tradicionales de conocimiento, algunas de las cuales tienen una historia muy larga y extraordinarias aplicaciones prácticas? ¿Se requiere que las culturas no occidentales acepten las ideas filosóficas, religiosas y sociales de Occidente, al adoptar la ciencia y la tecnología? El poder militar e industrial depende de la ciencia y la tecnología, y nadie quiere carecer de poder. Pero algunos líderes de culturas tradicionales creen que las sociedades occidentales han alcanzado ese poder a costa de los valores espirituales y humanos, y han adquirido poder sin sabiduría ni compasión.

Recuperar los valores espirituales inherentes a la práctica de la ciencia, ayudaría a sanar a nuestro mundo moderno, en el que la ciencia tiene un papel tan crucial y vital, tanto en el Occidente como en el Oriente. El hecho de recuperar estos valores ciertamente estaría en armonía con los ideales y las aspiraciones de los grandes científicos.

La ciencia en las tradiciones de discernimiento y en las tradiciones de fe

El conocimiento científico tiene una función y un lugar muy diferente en el Occidente y en el Oriente. La cultura occidental se ha nutrido espiritualmente mediante las tradiciones bíblicas orientadas a la fe, en especial el cristianismo, mientras que las culturas orientales se han nutrido mediante las tradiciones del Hinduismo y el Budismo, orientadas al discernimiento. Un ejemplo ilustrará la diferencia.

Albert Einstein (*Ideas y opiniones*) dijo en una ocasión: "La ciencia sin religión está coja, la religión sin la ciencia está ciega". Eso parece conveniente y reconfortante, en especial para aquellos cuyos sentimientos religiosos son atacados en nombre de la ciencia. Pero exploremos este comentario un poco más.

Existe un comentario paralelo hecho por Ishvarakrishna en el *Sânkhyakârirâ* en el segundo siglo antes de la era común. Es un texto muy importante en la tradición de la India pues se relaciona con la teoría de Sankhya, que es muy cercana a su contraparte práctica, es decir, el yoga. El Yoga por su parte está en el corazón mismo de la espiritualidad de la India. Es casi seguro que el *Sânkhyakârirâ* haya tenido influencia sobre el *Yoga Sûtras*, de Patañjali, que es más conocido. Es un libro pequeño que ha tenido una influencia incalculable en la vida espiritual de la India. Al hablar sobre *purusha* y *prakriti*, que podríamos traducir como "espíritu" y "naturaleza", Ishvarakrishna dice: "El purusha sin prakriti está cojo; el prakrii sin purusha está ciego".

¡Estas dos declaraciones son tan parecidas que si un profesor las viera en el trabajo de dos estudiantes, naturalmente sospecharía un plagio! Pero están tan lejos en el tiempo, el espacio y la cultura, y provienen de mentes que claramente son tan originales e independientes, que simplemente deberíamos celebrar la feliz similitud. Pero si las analizamos más de cerca, descubrimos un mundo de diferencia.

Sin importar qué más entendamos con las metáforas de "ciego" y "cojo", ciertamente relacionamos el discernimiento, la claridad, la luz y la iluminación con lo opuesto a la ceguera, es decir, la capacidad de ver. Todos los grandes maestros dicen de una u otra forma que tenemos ojos pero no vemos, que tenemos oídos pero no escuchamos. Ver con claridad es señal de sabiduría. Estar cojo, por otra parte, implica la imposibilidad de actuar, falta de voluntad, incapacidad y falta de movimiento o de compromiso.

Por lo tanto, Einstein dice que la visión —discernimiento, sabiduría, claridad, iluminación— viene de la ciencia, pero que la movilidad —motivación, acción, voluntad y emoción— viene de la religión. Por otra parte, para Ishvsarakrishna el discernimiento —*jñâna* (conocimiento), *prajña* (sabiduría), *bodhi* (iluminación)— corresponden a *purusha.* La acción, el movimiento y la emoción —la región de los *gunas* o lo que constituye la naturaleza— corresponden al *prakriti.*

Ahora vemos que emerge una situación interesante: Todos, incluyendo a Einstein si estuviera aquí y estuviera dispuesto a hablar con nosotros usando el mismo lenguaje, estaríamos de acuerdo en que la ciencia se relaciona con *prakriti*, que literalmente significa "naturaleza", pues eso es lo que las ciencias naturales tratan de estudiar. Además, la palabra griega *physis*, de donde recibimos la palabra "física", significa "naturaleza". La religión, por otra parte, y Einstein estaría de acuerdo con la opinión popular, se relaciona con lo que está por encima de la naturaleza, es decir, con lo sobrenatural. Si captamos lo delicado de la situación, veremos algunas diferencias muy interesantes en lo que el Oriente y el Occidente entienden por "ciencia" y "religión".

Para el occidente científico, el conocimiento y el razonamiento pertenecen al dominio de la naturaleza, pero la región espiritual es totalmente distinta a ella; en ese sentido es sobrenatural, y es cosa de fe. Como extensión del conocimiento, la sabiduría y el discernimiento también tienden a tener su fuente en el estudio de la naturaleza, es decir, en la ciencia. En el Oriente, por otra parte, se entiende que el discernimiento y la sabiduría son el resultado de una conciencia más clara de regiones espirituales más altas, y el estudio científico de la naturaleza puede proporcionar los medios para llevar a cabo las acciones que brotan del discernimiento.

En el Oriente, la diagnosis básica de la situación humana es que todo nuestro predicamento surge de la ignorancia *(avidyâ)*. La causa primordial de todas nuestras dificultades es la ignorancia. De ella brota la confusión entre el Yo y el no-Yo (Vedanta), o entre lo *nitya* (eterno) y lo *anitya* (transitorio) y un aferrarse al mundo de *anitya*. Así brotan el miedo y la fantasía, el *dukkha* (sufrimiento), *mâyâ* (ilusión) y *asmitâ* (egoísmo). Para el Buda, para Shankara,

Patañjali y otros grandes maestros de la India, la raíz de todos nuestros problemas es la ignorancia. Si sabemos de manera correcta, naturalmente seguirán acciones correctas. Si el discernimiento lleva a la acción, la controla y la guía, entonces existe un orden correcto, tanto en lo interno como en lo externo. En otras palabras, cuando *purusha*: la conciencia, el espíritu, el ver (que según el *Yoga Sûtras* de Patañjali, es la única función de *Purusha*), ve y guía al *Prakriti*, hay un despertar, hay iluminación, libertad, *moksha* y nirvana. ¡De lo contrario, la persona está atada a *dukkya*, *mâyâ*, *asmitâ*, y a los *kleshas* (obstáculos)!

En las religiones bíblicas de Occidente, la situación es muy diferente. El problema humano básico no es la ignorancia; más bien es la voluntad propia. En general, desde el punto de vista bíblico, decir que estamos esperando involucrarnos en la acción correcta hasta que conozcamos en forma correcta es sólo una excusa. Dios ha revelado lo que es necesario saber; sabemos lo que es la acción correcta. Nuestro problema es que no queremos obedecer los mandamientos y hacer lo correcto. Queremos seguir actuando de acuerdo a nuestra propia voluntad, y no a la voluntad de Dios. "Nada arde en el infierno excepto la voluntad propia", dice la *Teología Germánica* (capítulo 34). Y toda la exquisita agonía de la cruz, el camino de Cristo (Ravindra, *Cristo el yogui*), se resume en sus últimas palabras en el huerto de Getsemaní: "Todo es posible para ti; aparta de mí este cáliz; pero no lo que yo quiero sino lo que quieras tú" (Marcos 14.36).

En el Oriente, lo que se necesita es el verdadero conocimiento, pues el conocimiento correcto lleva a la acción correcta. En el Occidente, lo que se necesita es la acción correcta obedeciendo a la voluntad de Dios, pues la acción correcta lleva al conocimiento correcto. En el Occidente, es probable que nos digan: "No sólo te quedes ahí sentado, haz algo". En el Oriente, los sabios probablemente nos aconsejarían: "No sólo hagas algo, siéntate ahí".

Bodhidharma es uno de los patriarcas más importantes del Budismo Zen. Es el último patriarca en la India de la línea del Buda, a través de su gran discípulo Mahakashyapa; después la línea del patriarca pasa a China, y más tarde a Japón. La primera vez que Bodhidharma fue a China a enseñar el dharma, ¿qué hizo al llegar? ¿Estudió la situación sociopolítica? ¿Conoció a los líderes? ¿Organizó cruzadas religiosas de evangelización, una campaña de carteles o invitó a la elite de la sociedad a sentarse junto a él en la tribuna para impresionar al populacho? No, fue y se sentó en una cueva, ¡frente a un muro! Entonces entendió como debe entenderse, lo que era necesario hacer, se levantó y empezó a hacerlo: enseñó Tai Chi con el fin de preparar los cuerpos de los chinos para la meditación, llevó a cabo enormes proyectos de traducciones, pero ante todo, enseñó a no hacer nada excepto sentarse. "Sentarse" se dice *za* en japonés y "meditación" es zen (del sánscrito *dhyâna*), por tanto *zazen* significa "meditación que se hace sentado". Según Dogen Zenzi del siglo XII, "Zen no es otra cosa que zazen".

El punto central de la meditación es no hacer nada, sólo sentarse, con el cuerpo, la mente y las emociones inmóviles y en silencio, con tanta tranquilidad que se puede escuchar cuando cae un pétalo de rosa, el sonido de los pensamientos cuando surgen y el silencio entre pensamientos. El surgir de pensamientos y emociones es parte del juego del *prakriti*, y observar este juego con total ecuanimidad, sin ser perturbado, le corresponde a *purusha*. Sin la presencia de *purusha* que ve, *prakriti* está ciego, perdido en el movimiento agitado y en la acción; pero *purusha* necesita a *prarkiti* para la actividad. Por tanto, el sabio no hace nada, pero todo se logra. Lao-Tse dijo: "El Tao del sabio es trabajar sin esfuerzo". Krishnamurti dijo: "Está totalmente atento y no hagas nada".

Tomando en cuenta esta diferencia fundamental entre el Oriente y el Occidente en cuanto a su comprensión de lo que es la religión, no es sorprendente que Einstein ubicara a la religión en el lado de la acción, el movimiento y la motivación. El discernimiento, casi irremediablemente, cae del lado de la ciencia, es un estudio de la danza de prakriti y una parte de prakriti. Como la ciencia se relaciona con las medidas del espacio, el tiempo y la materialidad, no puede ser *purusha*. Como se menciona en el capítulo 4, el gran físico Max Planck dijo: "Lo que no puede medirse no es real". El espíritu, por definición, no está restringido a medidas, a espacio, tiempo o materialidad. La palabra mâyâ o "ilusión", por otra parte, tiene la misma raíz que "medidor" y "medida". Así, los sabios de la India podrían haber dicho: "No es posible que lo que puede medirse sea real".

Reconciliación de la paradoja

Por tanto, tenemos una interesante paradoja relacionada con dos afirmaciones que parecen muy similares y que llegan a nosotros de dos grandes mentes, ¿Cómo las reconciliamos? Una contradicción ordinaria podría indicar que una propuesta es correcta y la otra incorrecta. Pero una paradoja profunda no es una contradicción que requiera que elijamos uno u otro aspecto. Tales paradojas a menudo nos recuerdan las limitaciones del lenguaje, la lógica y el pensamiento cuando se relacionan con algo realmente importante. Niels Bohr solía decir que lo opuesto a una gran verdad es otra gran verdad.

Todos los grandes maestros han reconocido que lo que de hecho es Verdadero y Real no puede expresarse en palabras ni lo puede captar la mente racional. Lo que puede decirse, no vale la pena ser dicho en un sentido fundamental. Y lo que realmente vale la pena decir, no puede decirse. Por otra parte, la ciencia es la única actividad en nuestro mundo moderno, en especial en Occidente, que se orienta a la verdad, a la razón y al conocimiento. Como estas son características relacionadas con el discernimiento o la visión, no es sorprendente que muchos jóvenes inteligentes y sensibles de Occidente, que tienen una modalidad científica en su educación, pero que aun así tienen un sentido de lo Sagrado, se sientan naturalmente atraídos por las tradiciones espirituales de Oriente. Sin embargo la naturaleza del discernimiento, del conocimiento y de las percepciones en el campo de la ciencia es muy distinta a la del campo de la espiritualidad, tan distinta como los campos del *prakriti* y el *purusha* (ver capítulo 3; "La percepción en yoga y en la física", en este libro).

¿Cómo podríamos dar nueva forma a la afirmación de Einstein o de Ishvarakrishna? Podríamos decir, por ejemplo: "El discernimiento sin acción compasiva está cojo y la compasión sin sabiduría está ciega". Todos los sabios han dicho que el verdadero discernimiento naturalmente florece como compasión y amor, como la fragancia de una rosa. Y Buda que está despierto pero carece de compasión es un oxímoron. ¡Pero ciertamente podemos tener un santo estúpido, al igual que un erudito ineficaz o un profesor de filosofía que no puede cambiar un foco!

Una reconciliación verdadera entre la ciencia y la espiritualidad no se encontrará en una coexistencia de abstracciones. La verdad espiritual, a diferencia de la científica, siempre es un asunto de percepción directa. Patañjali (*Yoga Sûtras* 1.49) dijo: "El conocimiento que se basa en inferencias y testimonios es diferente al conocimiento directo [que se obtiene en estados más altos de conciencia] pues pertenece a un objeto en particular". Es por eso que las tradiciones bíblicas se han aferrado con tenacidad a la experiencia de un Dios que es una persona única, o *Purusha Vishesha*, en el *Yoga Sûtras* (1.24).

En estados de conciencia aún más altos, la percepción puede cambiar de particularidades diminutas que están inmersas en el todo, a la Unidad no diferenciada, de modo que lo que queda es un Ver Puro sin que se perciba ninguna otra cosa. Pero la visión espiritual siempre sigue siendo un asunto de percepción directa. Sin importar qué dificultades pudiera haber tenido Einstein con la noción de un Dios personal, la percepción religiosa no es como una generalización o abstracción filosófica o científica. Pascal era más fiel a la comprensión bíblica de Dios ya que siempre conservó cerca de sí esta frase "Dios de Abraham, de Isaac y de Jacob; no de los filósofos ni de los eruditos". Para él, Dios se relacionaba con la experiencia, no era algo que brotara de una proposición filosófica o de una hipótesis científica.

Una persona puede tener dos tipos de niveles conscientes: por una parte, las percepciones religiosas directas que superan a los sentidos, y por otra, la actividad científica de teorizar y experimentar con sus correspondientes abstracciones filosóficas; sin importar lo poco comunes que sean los ejemplos reales de esto. La reconciliación de la religión y la ciencia necesita ocurrir en el alma de la persona total en sí, para que pueda haber acción con propósito sin centrarse en uno mismo, individualidad sin egoísmo, plenitud sin perder la calidad única. De hecho, esta reconciliación en sí ocurrió en el propio Einstein, a pesar de sus frecuentes lapsos de polémicas teológicas tras el escudo de la ciencia. Para él, como para muchos grandes científicos, la ciencia no descubrió ni comprobó lo Sagrado. Lo Sagrado los llamó, impregnó sus vidas y dio significado a sus actividades científicas, como lo habría hecho con otras actividades, como la música, la poesía o la pintura, si hubieran estado llamados a celebrar lo Sagrado a través de las artes, como Bach, Kalidaza y el Greco.

Quizás podríamos dar nueva forma a las afirmaciones paradójicas diciendo: "la religión sin conocimiento científico es ineficaz, pero la ciencia sin percepción religiosa es insignificante".

Capítulo siete

Experiencia y experimento: Una crítica del conocimiento científico moderno

En la actualidad, se supone que todas las actividades intelectuales son científicas. "Científico" es casi sinónimo de razonable, riguroso, sistemático y deseable. El ideal clásico de buscar lo verdadero, lo bello y lo bueno, se reemplaza, al menos en las universidades, por un esfuerzo de ser científico. La fuerza de la mística y la metafísica de la ciencia llega a estar particularmente presente en los estudios filosóficos, psicológicos y religiosos, donde las medidas científicas se han utilizado ampliamente para eliminar gran cantidad de sentimientos y de pensamiento imaginativo.

Si usamos el significado etimológico de la palabra "ciencia" (del latín *scientia*, "conocimiento"), podríamos preguntarnos cómo alguien podría cuestionar el hecho obvio de que el conocimiento es deseable. Pero hacer esto sería basarse en significados antiguos que se relacionan con el clima intelectual presente mediante hilos muy, muy delgados. Se supone que cuando la gente habla del estudio científico de algo, tiene en mente un modelo de las ciencias naturales. Es obvio que estas ciencias funcionan basándose en suposiciones muy fundamentales sobre la naturaleza de los seres humanos, la verdad y la realidad; la mayoría de estas suposiciones metafísicas se han incorporado a las ciencias sociales y a las humanidades contemporáneas, lo cual ha sido en su detrimento. Aquí señalo algunas de estas suposiciones y hablo sobre su validez y sus limitaciones (como también hablé, desde una perspectiva algo distinta, en el capítulo 4, de "La ciencia occidental y la tecnología y la tradición intelectual de la India"). Lo que se propone aquí es un nuevo examen y una evaluación radical del conocimiento científico.

El estudio de los seres humanos no es fundamentalmente distinto al estudio de la naturaleza, y no debería basarse en principios distintos. Pero la división entre los seres humanos y la naturaleza es parte integral de las suposiciones de las ciencias modernas y es absolutamente cuestionable. Si los estudios científicos no han llegado a una comprensión de lo que significa ser una persona, esa carencia no implica una desunión entre la persona y la naturaleza, y en consecuencia del conocimiento que se puede tener sobre ellas. Tal vez los métodos de las ciencias naturales son igualmente cuestionables cuando se estudia la naturaleza y cuando se estudia a los seres humanos. Tal vez sólo sucede que cuando se trata de seres humanos, algunas de las restricciones y limitaciones metafísicas de la ciencia se vuelven más aparentes.

Quienes tratan de comprender a los seres humanos, parecen estar dispuestos a dejarle la naturaleza a los científicos, como si las personas no tuvieran nada que ver con ella, o de utilizar procedimientos que inevitablemente llevan al empobrecimiento de los seres humanos, de la misma manera en que llevan al empobrecimiento de la naturaleza. Si para nosotros, seres humanos modernos nutridos con la ciencia, la cosmología se ha convertido en una rama de la física, entonces no debería sorprendernos que un ser humano sea simplemente un agregado de partículas materiales.

La tragedia de la vida intelectual postrenacentista es que muy pocos pensadores han incluido a la naturaleza, a los seres humanos y a la divinidad en una continuidad unificada de investigación que no sólo se base en conceptos especulativos, sino también en experiencia y en percepciones. Quizás la única excepción de que tenemos conocimiento es Goethe. Su crítica de la ciencia al estilo de Newton, a diferencia de la de Blake o la de Wordsworth, tiene el mérito de ser razonada y coherente, al igual que de contar con una teoría detallada para trabajar con la ciencia con suposiciones alternas y más unificadoras. Sin embargo, su influencia en los círculos científicos ha sido mínima. La teología y la alquimia de Newton son fascinantes pero muestran poca continuidad con su ciencia. Esta falta de un enfoque unificado hacia el mundo es el resultado de una fragmentación interna en que la persona y la naturaleza se separan, como se separan la poesía y la física. La fragmentación se encarna en la estructura misma de las ciencias modernas.

El punto central de cualquier teoría del conocimiento, incluyendo a la ciencia, implica una tríada: el que conoce, la realidad y la conexión que hay entre ellos. Las diferentes teorías y prácticas enfatizan diferentes aspectos de los seres humanos (razón, sentimiento, sensación), de la realidad (cantidad, cualidad, mecanismo, propósito) o de la conexión que hay entre ellos (posibilidad de repetirse, calidad única, intersubjetividad, compromiso). Ninguna teoría de buena calidad ignora por completo a ninguno de estos aspectos.

Las diferencias entre las teorías están ante todo en su énfasis y en la fe subyacente en lo que es primario e irreducible, mediante lo cual debe explicare todo lo demás. La fe científica afirma que la cantidad es básica y que todas las cualidades deben explicarse en términos cuantitativos. Cuando una teoría del conocimiento es satisfactoria y tiene éxito, de acuerdo a nuestra evaluación de su propósito y de sus logros, puede llegar a establecerse fácilmente como "el" camino a la verdad, y hacer que quienes dudan de ella sean considerados herejes.

Quizás la innovación más importante de la gran revolución científica de los siglos XVI y XVII fue una reestructuración de la tríada del conocimiento, al insistir que las observaciones empíricas llevaban a la verdad, y éstas no se pueden abordar únicamente mediante el razonamiento. Como nuestra noción de racionalidad ha sido condicionada por siglos de éxito científico, hoy en día se basa en este modelo de procedimiento científico. Ahora nos es difícil entender que sin importar lo que haya sido la revolución científica, no se consideró a nivel universal como un triunfo de la razón. Whitehead (*La ciencia y el mundo moderno*, capítulo 1) ha hecho la siguiente observación: "La ciencia nunca abandonó el sello de su origen en la revuelta histórica del Renacimiento tardío. Ha permanecido predominantemente un movimiento antiracionalista, que se basa en una fe ingenua".

Es claro que la ciencia moderna fue una reacción necesaria a la extravagancia racionalista de los escolásticos. Sin embargo, quizás como todas las revoluciones, la revolución científica se basó en suposiciones simplistas. Eliminó gran parte del pensamiento anterior y fue útil y sabia en armonía con la realidad. Además, al aceptar un criterio limitado de la verdad, garantizaba una fragmentación interna de los seres humanos. A pesar de los levantamientos posteriores que fueron considerables, en lo que concierne a las teorías científicas, las actitudes y suposiciones básicas de las ciencias modernas siguen siendo esencialmente las mismas que emergieron durante la revolución. De ellas derivamos la mayor parte de nuestra visión científica, incluso en las humanidades.

En una amplia escala histórica, la relativamente reciente aparición de la actitud científica debería ser un recordatorio de que la humanidad puede existir sin ella. Muchas señales, que en el presente se encuentran por todas partes, en particular entre los jóvenes, implican que a menos que la base metafísica de la ciencia se amplíe para incluir muchos aspectos que se han excluido de manera arbitraria, pronto entraremos a una era postcientífica. Cualquier ampliación de la base científica podría ocurrir ante todo dentro de la comunidad científica. No podemos excluir la posibilidad de alguna contribución útil del exterior, pero en general la mayoría de quienes no son científicos se asombran y se abruman con la ciencia, cayendo en una resignación anhelante o en una hostilidad temerosa. La ciencia no necesita que se le venere ni que se le rechace, lo que necesita es una comprensión crítica y un cambio. Esta necesidad siempre ha existido; ahora se ha vuelto urgente. En la medida en que la ciencia sea un camino hacia la Verdad, con V mayúscula, en la que la mayoría de los científicos cree tácitamente, sin importar lo poco sofisticada que pueda parecer en nuestra era moderna, los científicos deben estar interesados en el tipo de conocimiento que producen. Un gran científico, Albert Einstein, dijo:

> ¿Cómo llega un investigador científico de talento normal a ocuparse con la teoría del conocimiento? ¿Es que no hay trabajo más valioso que hacer en su propio campo? Escucho esto de muchos de mis colegas profesionales; o mejor dicho, percibo que esto es lo que muchos de ellos sienten.

No puedo compartir su opinión. Cuando pienso en los estudiantes más hábiles que he encontrado como maestro; por ejemplo, los que se distinguen por su independencia de juicio y no sólo por su agilidad mental, descubro que tienen un gran interés por la teoría del conocimiento. Les gustaba iniciar discusiones sobre las metas y los métodos de nuestras ciencias, y mostraban de manera evidente, por la obstinación con que defendían sus puntos de vista, que este tema les parecía importante.

Esto en realidad no debe sorprendernos. Pues cuando recurro a la ciencia, no debido a una razón superficial como ganar dinero o por ambición, y tampoco (o al menos no exclusivamente) por el placer deportivo, por la delicia del atletismo cerebral, entonces las siguientes preguntas me interesan ardientemente, como discípulo de esta ciencia: ¿Qué meta se alcanzará y puede alcanzarse a través de la ciencia a la que me estoy dedicando? ¿En qué medida son "verdaderos" sus resultados generales? ¿Qué es lo esencial, y qué se basa exclusivamente en accidentes del desarrollo?

Los conceptos que han comprobado ser útiles para ordenar fácilmente las cosas, adquieren una autoridad tan grande sobre nosotros, que olvidamos su origen terrestre y los aceptamos como hechos inalterables. Entonces se les clasifica como "necesidades conceptuales", "soluciones a priori", etc. El camino del progreso científico a menudo queda obstruido

> durante largos periodos por errores de este tipo. Por lo tanto, no es sólo un juego ocioso ejercitar nuestra capacidad para analizar conceptos familiares y demostrar las condiciones de las que depende su justificación y su utilidad, y la forma en que se desarrollan, poco a poco. (Citado por Holton, *Orígenes temáticos del pensamiento científico*)

Experimento y experiencia

Una de las razones más importantes para el éxito que se dice han tenido las ciencias naturales al investigar la naturaleza, ha sido una unión particular de una noción restringida del ser humano, esencialmente como alguien que puede conocer racionalmente, y una clase limitada de experiencia, es decir el experimento. La unión de la razón y el experimento, en un papel mutuamente regenerativo, fue lo que caracterizó a la revolución científica y toda la ciencia que brotó de ella.

Los experimentos tienen un papel muy importante en la formación de una actitud científica hacia la naturaleza, pues son lo que a final de cuentas constituye el manejo de la realidad por parte del científico. Un experimento es aquello que conecta las percepciones y las concepciones científicas; en otras palabras, todos los medios y procedimientos para recopilar datos científicos, lo que incluye observaciones, pruebas y mediciones. El lugar central del experimento en la ciencia no puede cuestionarse. Ningún científico cuestionará la afirmación de Richard Feynman en la primera página de un excelente libro de texto de física (*Discursos sobre física de Feynmanp*): "El principio de la ciencia, casi por definición, es el siguiente: La prueba de todo conocimiento es el experimento. El experimento es el único juez de la 'verdad' científica".

Es importante distinguir entre experimento y experiencia. Aunque estos dos términos a menudo se usan indiscriminadamente en los escritos científicos y filosóficos, existen diferencias importantes en su connotación y en sus aplicaciones. Las ciencias de ninguna manera tienen un monopolio de procedimientos empíricos y de observación: la estética y la espiritualidad definitivamente son empíricas. En las ciencias, sin embargo, el experimento externo es finalmente el árbitro de la verdad de una teoría en comparación con otra.

En la esfera del desarrollo espiritual, por otra parte, el enfoque central es la experiencia interior del aspirante. Sin datos experimentales que correspondan a ella, la especulación científica tiende a volverse estéril y sin fruto; de manera similar, sin una referencia a la experiencia, toda charla teológica permanece vacía. Quizás esté llena de consuelo y de esperanza, pero no lleva una carga de verdadera comprensión. Relacionando a Francis Bacon con San Pablo, se podría decir que ni el conocimiento científico ni la comprensión espiritual se basan en palabras; en ambos casos se trata de poder. La naturaleza de este poder depende de dónde se centren los conceptos de verdad y falsedad: en el experimento o en la experiencia. Ambos median entre los seres humanos y la realidad, pero en forma diferente y con consecuencias muy divergentes.

Las palabras "experiencia" (del latín *experientia*) y "experimento" (del latín *experimentum*), se derivan finalmente del verbo latino *experiri*, que significa "poner a prueba meticulosamente". La raíz de ese verbo, periri, también se relaciona con las palabras inglesas "peril" [peligro] y "fare" [viajar], como en "wayfarer" [caminante, viajero]. Experimentar algo o hacer un experimento con ello, es ponerlo a prueba meticulosamente, lo que representa cierto riesgo personal; significa estar ahí, recorrerlo. El conocimiento que se obtiene con ese procedimiento es lo que llamamos comprensión. La experiencia, especialmente, incluye percepciones, sentimientos y aportación de los sentidos. La palabra "experimento", por otra parte, ha tenido una variación de significado a lo largo de los últimos trescientos años. Es ante todo conducir un experimento, realizar una prueba para demostrar una verdad conocida, examinar la validez de una hipótesis, o determinar la eficacia de algo que antes no se había puesto a prueba. El conocimiento que se obtiene con estos procedimientos es lo que constituye el conocimiento científico. Es obvio que las ciencias experimentales no tienen un carácter relacionado con "tener una experiencia".

Galileo parece haber sido el primer científico moderno que diferenció claramente estos dos conceptos; antes de él *experientia* y *experimentum* se usaban más o menos de manera indiscriminada. En su "De motu", Galileo dice:

> Debe entenderse que aquello que hemos demostrado... se refiere a cuerpos que están en movimiento y están libres de toda resistencia externa, pero como tal vez es imposible encontrar tales cuerpos en el mundo material, cualquier persona que lleve a cabo un experimento relacionado con estas cosas, no debería sorprenderse si la experiencia resultante es descorazonadora, o si una gran esfera no puede ser movida por una fuerza mínima, incluso en un plano horizontal (*Opere*).

Para Galileo, la experiencia supuestamente es lo que uno realmente ve, y el experimento es el procedimiento para poner a prueba una hipótesis. Su hipótesis se relaciona con un supuesto mundo ideal y racional en el que se pueden imaginar cuerpos ideales, libres de toda resistencia externa. Debido a su naturaleza ideal y racional, ambos se pueden razonar matemáticamente; las inferencias de este proceso de razonamiento son lo que él somete a pruebas experimentales. Sin importar cual sea la naturaleza de esta estructura teórica abstracta, el procedimiento para someter algo a prueba no depende de la experiencia en un compromiso personal y existencial.

El Diálogo sobre los dos principales sistemas del mundo, de Galileo, deja en claro que el método experimental del conocimiento es empírico sólo en un sentido especial y limitado, y que ciertamente no se relaciona con "tener una experiencia". Lo que captamos directamente con nuestra mente, nuestros sentimientos y nuestros sentidos, no es de lo que dependemos para un verdadero conocimiento científico. Las sensaciones y los sentidos son muy sospechosos. Galileo elogió a Copérnico y a sus seguidores pues "violentaron a sus propios sentidos a tal grado mediante la fuerza pura del intelecto, que prefirieron lo que les decía la razón y no lo que la experiencia sensorial les mostraba claramente que era opuesto".

De esta actitud ante los sentimientos y los sentidos depende la importantísima distinción entre cualidades primarias y secundarias, que fue crucial para el desarrollo de la física y de la noción científica de la objetividad. La exclusión de lo inmediato de las percepciones y los sentimientos es un elemento central en el procedimiento científico; lo que uno hace en los experimentos científicos es medir, no experimentar, ciertas cualidades de las cosas. Esta medición se hace indirectamente, sin que los científicos vean o sientan lo que están midiendo, y ciertamente sin comprometerse en absoluto con el hecho real de observar y registrar, que puede hacerse de manera automática. Quienes llevan a cabo experimentos exitosos pueden arreglar las cosas de tal manera que no tengan que estar presentes en el laboratorio cuando se están reuniendo datos sobre la dispersión de electrones, la sobrepoblación de ratas o la contracción del útero en el momento de dar a luz.

La "ecuación personal" es algo que un científico debe tratar de eliminar asiduamente. Ciertamente se necesita al científico para que interprete y manipule datos, para que imagine nuevas hipótesis y diseñe nuevos experimentos. Es obvio que ninguna de estas actividades es fácil o trivial; requieren mucha inteligencia, ingenio y en ocasiones genialidad. No obstante, la intervención humana no es estrictamente necesaria para las observaciones en sí, que proporcionan el único contacto científico con la realidad.

¿Qué tipo de datos pueden reunirse ignorando tanto de lo que nos hace humanos? ¿Qué realidad se revela mediante observaciones que pueden llevar a cabo autómatas adecuadamente programados? ¿Qué tipo de teorías pueden ponerse a prueba o satisfacerse con datos tan empobrecidos? ¿Qué importancia puede atribuirse a un conocimiento que se basa en percepciones tan determinadamente parciales? Estas preguntas requieren de una investigación detallada y cuidadosa, especialmente en la actualidad, cuando la mayoría de los académicos han elevado el método científico a un nivel de ortodoxia intelectual.

Tal vez los éxitos mágicos de la ciencia y la tecnología nos han deslumbrado y han hecho que aceptemos suposiciones metafísicas carentes de garantía sobre la naturaleza de la realidad y de los seres humanos y sus interrelaciones. Estas suposiciones son parciales, y necesariamente llevan a una mayor fragmentación de nuestras sensibilidades, lo que tiene como resultado una actitud de violencia interna hacia el objeto de nuestra investigación. No es muy probable que los procedimientos que se basan en ellas lleven a una comprensión de la naturaleza y de los seres humanos. El yo dividido, que es la inevitable consecuencia de la mentalidad científica, ni siquiera puede acercarse a lo que tiene un nivel superior, tanto en nuestro interior como por encima de nosotros.

Es difícil encontrar en la historia intelectual ejemplos en los que el pensamiento creativo proceda de una metodología de la práctica. Incluso Descartes, que dio tanta importancia al método, escribió su *Discurso sobre el método*, después de los ensayos científicos a los que sirve de prefacio, no antes. Sólo en las ciencias sociales contemporáneas encontramos tanta fe en la eficacia de una metodología expresada en palabras. Entre las ciencias naturales, pocos departamentos ofrecen a sus estudiantes un curso sobre métodos. El método simplemente es, como lo expresó P. W. Bridgeman, hacer nuestro mejor esfuerzo sin impedimentos. Sin embargo, existen suposiciones básicas en las que se basan los procedimientos científicos; estas suposiciones se trasmiten por la tradición y los estudiantes generalmente las captan de manera inconsciente.

Objetividad

La objetividad científica no está en el objeto que se está investigando, sino en los sujetos que investigan al objeto. Lo que llamamos objetividad en las ciencias es intersubjetividad; decimos que hemos llegado a una descripción objetiva de algo si la mayoría de los investigadores competentes, es decir, los que comparten las mismas suposiciones y procedimientos, están de acuerdo con esa descripción. El que la descripción realmente describa el objeto es cosa aparte; ni siquiera sabemos cómo podríamos determinar esto, a menos que siguiéramos la posibilidad de que el objeto se conoce a sí mismo y se revela. Pero concederle tal capacidad e intención conscientes a un objeto es contrario al concepto científico básico del cosmos como una enorme máquina en la que, a final de cuentas, todo debe explicarse en relación con una materia inconsciente y sin propósito que está en un movimiento carente de sentido.

La ciencia supone que el objeto se controla totalmente desde fuera y lo define exclusivamente en cuanto a sus características y relaciones externas. La evolución de una especie, por ejemplo, debe explicarse a partir de su adaptación al medio ambiente y otros mecanismos externos a la especie, en lugar que, digamos, a partir del impulso evolutivo de la conciencia que necesita organismos más complejos para manifestarse. El negarle a una piedra, a un árbol o a un simio, toda realidad interna, sin importar lo rudimentaria que pudiera ser, lleva por rigurosa necesidad lógica, a negarles a los seres humanos dicha realidad, que consta de nivel consciente, propósito, intención y conciencia.

Cualquier noción del espíritu como "conciencia pura", o del alma como un vehículo de la "voluntad" y la "conciencia" es inaceptable desde el punto de vista científico. Uno de los recursos de esta materialización de los seres humanos es afirmar una definida discontinuidad entre los humanos, de manera específica entre sus mentes y el resto de la naturaleza. Este es el camino que eligió Descartes y que muchos siguen en la actualidad. Tal división parece ser opuesta a la naturaleza, tanto desde el punto de vista filosófico como científico. Si hubiéramos partido de la base de una humanización y espiritualización de la materia, deberíamos esperar diferentes tipos de teorías científicas.

Niels Bohr acertó en su argumento con Einstein cuando dijo: "Es erróneo pensar que la tarea de la física es descubrir cómo es la naturaleza. La física se ocupa de lo que podemos decir de la naturaleza" (Moore, *Niels Bohr*). Adoptamos lo convencional según su efectividad para alcanzar lo que consideramos el propósito y la meta del conocimiento que vamos adquiriendo. Lo convencional y lo subjetivo son inherentes en la tan aclamada objetividad de la ciencia.

En la raíz de la necesidad de sustituir el acuerdo intersubjetivo por la objetividad está la suposición de que el sujeto que conoce y el objeto del conocimiento son inalienablemente distintos y están separados uno del otro. Es una suposición implícita de la revolución científica que el conocedor humano no es parte de la naturaleza del ser que está conociendo; la persona está separada de la naturaleza. Esto se vuelve más visible cuando limitamos nuestra atención a un objeto específico que se está investigando, como una molécula, una rana o una estrella. Además, esta separación se garantiza mediante el procedimiento experimental.

La suposición de que es posible separar al sujeto del objeto, que es un corolario de la suposición de que nuestro yo o nuestra identidad es nuclear y se localiza en el tiempo y en el espacio, que tiene una historia mucho más larga y una base mucho más amplia que la ciencia moderna, no se cuestiona con ligereza. Bien podría ser esta el área con más divergencias entre una metafísica racional y una humanística, por una parte, y entre una metafísica mística y espiritual por la otra. Para la primera, lo que es esencial en cada uno de nosotros es nuestra naturaleza particular y única, mientras que para la última lo particular y lo único son manifestaciones secundarias de una realidad transpersonal. A partir de la alianza entre Descartes y Locke, la psicología occidental ha sido básicamente atomística, y cree que un ser humano es primordialmente un ego aislado que flota en un mar de interacciones, y ondula reaccionando a fuerzas externas carentes de propósito.

No obstante, muchos artistas, poetas y místicos han informado que, en sus experiencias más profundas, la distinción entre sujeto y objeto no es tan obvia ni tan significativa como suele parecerle a nuestra conciencia ordinaria. Aseguran que el cambio cualitativo que experimentan al ir de la separación a la unidad es el resultado de percepciones que son más claras y más intensas que las usuales. Algunos incluso dicen que considerar que la realidad es la aparente dicotomía entre el que conoce y lo que se conoce, es la razón misma de la ignorancia y que cualquier observación en la cual el observador sea distinto a lo que observa, es incompleta.

No se sugiere que no exista una distinción entre el sujeto y el objeto, y que lo que prevalece es un caos carente de diferenciación. Más bien es que lo que es esencial para el objeto, ya sea un árbol, un poema o una persona, no se comprenderá mientras uno esté totalmente separado de él, sin participar en él, ocupado sólo con las características que son externas a él. En todo caso, la rigidez de la distinción entre sujeto y objeto no está inmune a la duda. Si uno acumulara conocimientos con un propósito diferente en mente, podría ver las cosas en forma diferente; y lo obvio de nuestra total separación entre nosotros y los objetos que nos rodean, podría ser tan obvia como los movimientos del sol alrededor de la Tierra.

Abstracción

La realidad que se ubica detrás de las observaciones científicas es algo que se construye en la mente y una abstracción. (Ver el capítulo 4 "La ciencia occidental y la tecnología y la tradición intelectual de la India", en este libro.) La "realidad científica" no es un asunto de percepción directa; son inferencias que se construyen, lo que a su vez nos lleva a generalizaciones abstractas que siempre están sujetas a un razonamiento y a una revisión adicionales.

En el enfoque de la experiencia a la realidad, como en algunas disciplinas artísticas y espirituales, el esfuerzo no es abandonar los fenómenos reales que percibimos, mediante cierto salto de la razón, sino ampliar y pulir nuestras percepciones y aplicar todas nuestras facultades a lo que experimentamos. La teoría también es importante aquí, ya que es obvio que la razón que calcula y crea teorías es también una facultad de percepción. Pero la experiencia es más que una teoría; sus rasgos importantes son la naturaleza inmediata, concreta y directa de la percepción. El objetivo de la teoría es ayudar a la persona a experimentar directa y plenamente. El objetivo del experimento, por otra parte, es llevar a la teoría o decidir entre una teoría y otra. En la ciencia, el experimento no tiene significado sin teoría; pero en la vida, la teoría no tiene sentido sin la experiencia.

Esto es cierto tanto en teorías científicas como en teorías metafísicas o teológicas. Lo que se está cuestionando aquí es la tiranía de la razón que hace que la teoría sea superior a la experiencia. Por ejemplo, tener la teoría de que detrás del mundo material existe una realidad espiritual, no es esencialmente diferente a tener la teoría de que detrás de ese mismo mundo material existe una realidad matemática. De hecho, hay ciertas cosas que son misteriosas; pero la pregunta práctica es: "¿Cómo puedo experimentarlas?" y no "¿qué conjeturas puedo hacer respecto a ellas?"

Lo que buscamos en la ciencia, a través del experimento, es una explicación abstracta de los fenómenos. Lo que podríamos buscar en la vida, con la ayuda de cualquier teoría, es una comprensión concreta de lo que son, basada en la experiencia.

Cantidad

Un rasgo importante de cualquier descripción científica es que trata de ser cuantitativa. La mayoría de los importantes científicos que contribuyeron a la revolución científica, parece haberse opuesto conscientemente a la ciencia anterior, más cualitativa. Según Galileo (*El examinador*, en *Descubrimientos y opiniones de Galileo*):

> La filosofía está escrita en este gran libro, el universo, que siempre está abierto a nuestra vista. Pero el libro no puede entenderse a menos que uno primero aprenda a comprender el lenguaje y a leer las letras en que está escrito. Está escrito en el lenguaje de las matemáticas, y sus caracteres son triángulos, círculos y otras figuras geométricas sin las cuales es humanamente imposible entender una sola palabra en él; sin ellas uno anda errante en un laberinto oscuro.

Kepler, Boyle y Newton hicieron declaraciones similares. De ninguna manera es obvio, y tampoco es verdad, que ser matemático signifique ser cuantitativo. Incluso las entidades de las matemáticas que aparentemente son más cuantitativas, es decir, los números, no se pueden considerar carentes de calidad. La unidad, la dualidad y la trinidad tienen aspectos cualitativos que no se agotan mediante manipulaciones numéricas. Sin embargo, en general, introducir matemáticas a la ciencia ha significado cuantificarla. Según los padres de la ciencia moderna, la cantidad es el rasgo fundamental de las cosas, más que las demás categorías; en el campo del conocimiento, la cantidad es el único rasgo de la realidad.

Las cualidades, excepto en la medida en que pueden cuantificarse, no corresponden a lo que es real y no pueden conducir a la verdad. La ciencia exacta dio un gran salto cuando Isaac Newton en su *Principia* definió el movimiento en términos de su cantidad, sin considerar si este movimiento era parte de una danza sagrada o una marcha fúnebre, cuando definió la materia en términos de cantidad de materia sin considerar el lugar al que pertenecía esa materia y qué función tenía. A diferencia de los filósofos naturales de antaño, los científicos modernos no consideran que los aspectos cualitativos como el lugar y la función sean relevantes en una definición precisa de materia, movimiento y otras entidades.

Uno no puede escapar de la impresión de que la actitud que prevalece de restarle importancia a la calidad y el pernicioso reino de la cantidad, que Ortega y Gasset describió apasionadamente en su *Revolución de las masas*, se conecte intrínsicamente con la suposición científica de que la realidad es ante todo cuantitativa. Sin importar qué función tengan la pintura, la música y la danza, son en esencia frívolos cuando se trata del serio asunto de la verdad y el conocimiento, como los entienden los filósofos naturales modernos. Esta es la semilla de la fragmentación de nuestras sensibilidades.

Percepciones

La suposición científica sobre los seres humanos es que son esencialmente conocedores racionales, y que todo lo demás que se relacione con ellos es secundario y puede explicarse en función de su naturaleza básica racional. Todos los que afirman ser científicos en su trabajo profesional, desde Descartes hasta los filósofos analíticos de nuestros días, comparten esta visión de que una persona es una mente carente de pasión y no relacionada con un cuerpo, que debería reconocerse como un punto de vista rigurosamente intelectual. No se considera que nuestras facultades humanas —sentimientos y sensaciones— sean capaces de producir o de recibir un verdadero conocimiento. Sin duda es verdad que, al igual que nosotros, nuestras experiencias sensoriales y emocionales son limitadas y subjetivas. En la ciencia se hace un intento por minimizar la dependencia de tales percepciones pues se está de acuerdo en que los aspectos correspondientes de la realidad no deben considerarse como algo objetivamente real, y se trata exclusivamente con aquellos aspectos a los cuales se pueden aplicar las fabricaciones racionales.

Por otra parte, podríamos intentar purificar y profundizar nuestras percepciones de modo que pudiéramos ver aquellos aspectos de la realidad que ordinariamente se nos escapan pues no estamos conscientes de ellos, porque estamos preocupados por nuestra existencia personal, subjetiva y emocional, por nuestros temores y esperanzas, nuestros anhelos y deseos, lo que nos agrada y lo que nos desagrada. Esta preocupación subjetiva es la principal característica del estado general en que ordinariamente vivimos. Sin embargo, es posible que una persona se mueva en una región de sentimiento más clara, más objetiva y que luego involucre este importante aspecto de sí misma a la percepción, en lugar de eliminarlo sistemáticamente debido a una sospecha, que en sí está bien justificada, de que nuestras emociones ordinarias son guías a la verdad muy subjetivas y poco confiables.

De hecho, esta es una situación similar a tirar al niño cuando uno tira el agua del baño. Se ha lamentado con suficiente frecuencia que el conocimiento científico no aborde los temas de los propósitos y las aspiraciones humanas ni el significado de la existencia humana. Todos estos temas residen en el sentimiento cuando está un poco libre de preocupaciones exclusivamente subjetivas. No obstante, el sentimiento es el único aspecto de nuestro ser total que la metodología científica ignora rigurosamente. Al parecer a los epistemólogos modernos se les ha escapado en gran medida que es precisamente a través de los sentimientos, integrados con otras facultades, que podemos llegar a una comprensión objetiva, pues sentir es la facultad de relacionarnos con cualquier objeto; es el aspecto reconciliador en los seres humanos. Por otra parte, la razón percibe diferencias, distingue y compara. Si hacemos un fetiche de la racionalidad como tal, empobrecemos nuestras percepciones innecesariamente.

Control

Hay otra suposición básica que está implícita en los procedimientos y en el propósito de la ciencia moderna, que son distintos a los de las ciencias de la antigüedad y del medioevo. Lo que buscan los científicos modernos es la predicción, el control y la manipulación de lo que investigan. Como lo expresa un biofísico de Yale, E. C. Pollard, ("Misterio de la vida"), al hablar de lo adecuado de las leyes de la física para explicar el comportamiento de los organismos vivos:

> El biofísico aborda este problema suponiendo que las leyes de la física de hecho operan en la célula viva y reúne la información que está a su alcance para tratar de predecir cómo debería funcionar cierto sistema. Si se comprueba que la predicción es correcta, entonces se puede suponer que las leyes de la física que tenemos en la actualidad son adecuadas. Si no, entonces tal vez tendrán que descubrirse cosas nuevas.

Después de percatarse de algunas de las dificultades que se tienen al investigar estos asuntos, añade:

> Claro que al final, superaremos estos obstáculos, y entonces sabremos si las frías leyes de la naturaleza inanimada son suficientes para explicar la naturaleza de la célula viviente. Si ese fuera el caso, nos daría un control sobre la célula viviente que nunca antes hemos tenido.

Notemos con qué facilidad y naturalidad se introducen aquí palabras como "predicción" y "control". Esto es lo que significa "hacer", ese "hacer" que está tan íntimamente relacionado con el conocimiento científico; un punto que han captado muy bien los pragmáticos, en especial John Dewey.

De inmediato surge una pregunta sobre el reduccionismo implícito en el uso de las leyes de la física para estudiar a los organismos vivientes, en especial al ser humano. Pero lo que es aun más pertinente aquí es la visión antropocéntrica profundamente arraigada que tiene la ciencia moderna, una visión que, a la luz de sus propios descubrimientos, podría considerarse absurda. Ciertamente es cuestionable que nuestra relación con la totalidad del universo, en el que ocupamos un lugar minúsculo estando en un planeta ordinario que gira alrededor de un sol de tercera categoría en la periferia de una galaxia promedio, debería ser ante todo una relación de control. El cambio espacial en el centro del cosmos, resultado de la revolución de Copérnico, al parecer va acompañado de un cambio epistemológico inverso hacia un egocentrismo colectivizado en el que los seres humanos llegan a ser la medida y finalidad de todas las cosas.

¿Qué representa esta insistencia en el control y la manipulación en cuanto a conocer algo? ¿No implica que, mediante estos métodos, no podemos conocer nada que sea superior a nosotros, nada que sea más sutil o más inteligente que nosotros, si ese objeto, ese ser o esa fuerza no puede estar sujeta a nuestro control? Si los científicos hablan de que no existe evidencia de algo superior a los seres humanos, eso es de esperarse, ya que sus procedimientos excluyen de manera específica la posibilidad de tal evidencia.

Se puede argumentar que aunque el enfoque científico podría no ser adecuado para conocer algo superior a los seres humanos, sí es adecuado para investigar a la naturaleza. Aunque este fuera el caso, es obvio que persiste la suposición arbitraria de que la naturaleza es inferior a los seres humanos, que no los abarca y no tiene propósitos de mayor alcance. Los instrumentos que usa la ciencia aseguran la aceptación de esta suposición. Esta separación entre la naturaleza y los seres humanos es en gran medida una contribución de la revolución científica, en particular de Descartes. Entonces el hecho de que los seres humanos quieran conquistar a la naturaleza, se convierte en algo común; una terminología de combate entra al carácter científico sin que alguien lo note o lo comente.

Si uno sucumbe ante tal visión empobrecida y parcial de la naturaleza, se verá obligado a afirmar cierta noción de lo sobrenatural con el fin de explicar manifestaciones como la voluntad y el propósito de los seres humanos, que al parecer no son gobernados plenamente por las leyes mecánicas e inconscientes. La gran estima que tuvieron por la naturaleza pensadores como Spinoza y Goethe, fue lo que les causó problemas tanto con los científicos naturalistas como con los clérigos sobrenaturalistas. A menudo, estas dos tendencias coexisten en la misma persona, como si el hecho de denigrar a la naturaleza necesitara equilibrarse edificando algo extranatural, lo cual establece límites rígidos entre diversos niveles de existencia.

El conocimiento científico que se adquiere imponiéndole a la realidad esta camisa de fuerza metafísica es como la confesión que se obtiene bajo coacción. La ortodoxia intelectual contemporánea sospecha que cualquier persona que se opone a tales procedimientos se opone a la razón y al progreso, está involucrada en un sabotaje o ha desertado y se ha unido al enemigo, es decir, a un romanticismo sin esperanza o a un misticismo irracional.

No obstante, es importante percibir el encanto mágico de la ciencia por lo que es. Tal vez parezca que todo lo que podemos estudiar desde el punto de vista científico de la manipulación y el control, es lo que podemos obligar a responder nuestras preguntas. No puede ser superior a nosotros; pues no podemos ejercer coacción ni violencia sobre algo que es superior a nosotros. Podemos prepararnos para lo que es superior y esperar, realizando un activo esfuerzo de atención, observando sin violencia. Esta preparación y esta espera de una revelación de lo superior no es una actitud pasiva como podría parecer. La actividad implícita en este estado tiene un carácter muy diferente al "hacer" ordinario que se mencionó antes.

Cualquier visión de la realidad o cualquier visión del conocimiento humano que acepte una fragmentación en compartimentos, como lo estético, lo científico, lo espiritual, es incompleta y produce un conflicto interno y una falta de armonía, lo que a su vez tiene como resultado la agresión y la violencia externas. La tarea primordial de una teoría sólida del conocimiento es acercarse a principios y procedimientos que no ignoren ninguna facultad perceptiva o ningún aspecto de la experiencia, sino que den apoyo a la integridad y a la plenitud de los investigadores. Sólo entonces es posible asegurar que el objeto de la investigación será comprendido tal como es, y no conforme a un sentido distorsionado de control y manipulación. No existe razón alguna para que nos comportemos como jueces que obligan al testigo a responder sus preguntas, ni como un discípulo pasivo y servil. Podríamos, por ejemplo, abordar la realidad con una actitud compasiva, y no con agresividad ni pasivamente, tratando de entender con la atención de todas nuestras facultades en lugar que mediante un razonamiento que ejerce coacción.

El principio básico de una teoría del conocimiento no debería ser cómo conocer algo, sino cómo "estar" con respecto a ello. La primera pregunta se relaciona con nuestro ser no con nuestro conocer. Cuando nuestras suposiciones y nuestros métodos no violen la integridad y la plenitud de nuestro propio ser, sólo entonces es posible que entendamos algo real sobre cualquier objeto, sin violencia ni distorsión. Al mencionar ese principio básico, nos hemos alejado mucho de los cuidados y preocupaciones de la metafísica de la ciencia y de la filosofía científica.

Ningún filósofo occidental de importancia desde Tomás de Aquino, exceptuando tal vez a los platónicos de Cambridge en el siglo XVII, ha considerado la cuestión de ser como algo que tenga relación con el asunto de saber. Este es también el periodo del surgimiento y la hegemonía de la mentalidad científica que, tanto en la teoría como en la práctica, reduce todas las facultades humanas excepto el razonamiento, e ignora sistemáticamente mucho de lo que nos da plenitud. Al considerar que el experimento externo es el único criterio del conocimiento, institucionaliza una fragmentación de nuestras sensibilidades. Tal conocimiento no puede menos que oponerse al engrandecimiento del ser en los humanos.

Los procedimientos científicos prevalecen incluso en disciplinas en las que se podría imaginar que tales cuestiones tienen un lugar propio, y les dan un giro racional limitante. Por tanto, en la medida en que la filosofía y la teología se vuelvan científicas, se reduce a Dios a una fabricación mental; ya sea como una hipótesis para la deducción o como una inferencia para la inducción; en ambos casos es una fabricación a favor o en contra de la cual se pueden tener pruebas o argumentos, pero respecto a la cual no se pueden tener experiencias. Así, la teología se convierte en una profesión racional que trata con sistemas metafísicos, y no con un camino psicoespiritual para la transformación del ser.

El conocimiento experimental, debido al alejamiento de la persona que busca el conocimiento, se separa del ser y se ocupa con un orden inferior de "hacer" que implica control y manipulación. El conocimiento experimental, que ahora parece ser una clase diferente de conocimiento, similar a la gnosis, a la sabiduría o a la comprensión, abarca todos los aspectos de los seres humanos y está íntimamente relacionado con la calidad del ser. Algunos de los antiguos comprendieron esto, y Parménides llegó a decir que "ser y saber son exactamente lo mismo".

En Plotino (*Enéadas*) encontramos una doctrina muy similar. Basándose en esa teoría del conocimiento, para conocer algo superior, uno debe llegar a ser superior. Este es el propósito central de cualquier tradición espiritual. El resultado de la mentalidad científica en el campo de lo espiritual es tratar de atrapar, como con las drogas, niveles más altos de conciencia. Se olvida que si el espíritu se refiere a algo superior a nuestro ser ordinario, la cuestión no es cómo podemos apropiarnos del espíritu, sino cómo debemos prepararnos para que el espíritu se apropie de nosotros.

La preocupación por ser, sin importar qué más implique, es una preocupación por la plenitud y la integración de los seres humanos, que requiere la armonía de las diversas facultades de percepción. Sólo entonces pueden nuestras diversas partes unirse y actuar como un todo unificado, lo que hará posible que percibamos abierta, plena y directamente. Esta armonía interior del alma es lo que Platón (*República*) consideró necesario para una acción justa y bella; y él consideraba que el conocimiento que lleva a esa armonía es sabiduría. Claro que ninguna síntesis o tranquilidad interna de ese tipo es posible sin incluir nuestras percepciones sensoriales. La ciencia, al ignorar sistemáticamente este aspecto, ha creado una oposición básica al misticismo, que Geothe describió acertadamente como sensación dialéctica.

Una filosofía que pierde de vista cualquiera de estas tres preocupaciones y necesidades humanas de primer orden, es decir ser, conocer y hacer, forzosamente es parcial y autodestructiva. Si ignoramos cualquiera de estas necesidades, tenemos acción con conocimiento pero sin compasión, o acción compasiva pero sin conocimiento. La alternativa deseable a la fragmentación y la agresividad de la ciencia no es una impotencia bien intencionada ni una pasividad mística, sino una robusta actividad integrada, sin violencia y sin la disociación de nuestra sensibilidad.

Es importante y urgente proporcionar una sólida base crítica para esta teoría y esta práctica; de lo contrario lo que domina es un romanticismo irracional, ya sea a favor o en contra de la ciencia. El compromiso científico y la sensibilidad de la plenitud no se oponen inexorablemente; sin embargo, la reconciliación sólo será posible cuando lo parcial encuentre su lugar dentro de la plenitud; y la razón encuentre su lugar dentro del ser. Sólo cuando partimos de una reconciliación interna, podemos tener la esperanza de comprender la naturaleza, sus actividades y propósitos, y de cooperar en el servicio a lo que es superior. Ese tipo de conocimiento les puede decir algo a nuestras aspiraciones más profundas y a nuestra búsqueda de significado y al mismo tiempo revelar la belleza y el misterio que nos rodean.

Capítulo ocho

En el principio está la danza del amor

Nuestra visión colectiva del mundo, quizás desde la publicación del *Principia* de Newton en 1687, nos ha llevado a considerar que las preguntas relacionadas con el origen, el desarrollo, la medida y el significado del cosmos pertenecen de manera casi exclusiva al dominio de la ciencia y en particular al de la física. En otras palabras, para nosotros los modernos, la cosmología es una rama de la física, un tema que a partir del siglo XVI se ha ocupado de entender el cosmos como materia muerta en movimiento que reacciona a fuerzas externas carentes de propósito.

No obstante, la teología natural tiene una larga historia. Al inicio de la ciencia moderna, Kepler se consideró un sacerdote de Dios en el templo de la Naturaleza. Y para Newton, todo su trabajo científico era un himno de gloria para alabar a Dios. A partir de entonces, los científicos se sienten cada vez más incómodos al mencionar a Dios, al menos en sus publicaciones científicas. Se requirió una lucha larga y ruda para establecer a las ciencias naturales como una modalidad de búsqueda independiente, libre de la tiranía de la teología y de la iglesia, que se habían unido al poder. Ahora, en especial desde que se fabricó la bomba atómica en 1945, es una ciencia que se relaciona con el poder; y tal vez se necesite del mismo tipo de lucha para rescatar a la genuina búsqueda espiritual de la tiranía de la racionalidad científica.

La contemplación del firmamento siempre ha tenido un papel importante para hacer que los seres humanos se pregunten sobre el significado y propósito del cosmos y de su propia existencia. El firmamento siempre ha parecido ser la morada de lo sagrado, que inspira reflexión y temor reverente. No obstante, ha ocurrido un cambio sutil en nuestras actitudes debido al surgimiento y el desarrollo de la ciencia moderna. Tomemos un conocido ejemplo del Salmo 8, en donde el salmista se pregunta:

> Al ver tu cielo, hechura de tus dedos,
> la luna y las estrellas, que fijaste tú,
> ¿qué es el hombre para que de él te acuerdes,
> el hijo de Adán para que de él cuides?

Nosotros también hemos contemplado los cielos y otras cosas a la luz de nuestro reciente conocimiento científico, pero nuestras actitudes, nuestras preguntas, son diferentes. Si se me permite una versión moderna del salmo, es más probable que el científico dijera:

> Cuando veo los cielos, obra de nuestras ecuaciones,
> los agujeros negros y las enanas blancas, que
> nosotros hemos ordenado,
> ¿qué es Dios para que nos acordemos de Él?

Las ideas y las actividades florecen y cambian en el contexto de una visión del mundo, aunque nuestras visiones del mundo en sí son permeables y elásticas. La ciencia es el componente más importante y el factor más fuerte en el paradigma actual, y ahora todas nuestras conversaciones intelectuales se llevan a cabo con la seguridad de que en ellas se comparte una racionalidad científica.

No tengo datos nuevos que ofrecer al considerar la pregunta: "El origen y la evolución del universo: ¿Evidencia o designio?" Y en realidad no creo que, a nivel colectivo o individual, lo que necesitamos sean datos adicionales para llegar a tener un sentido adecuado de un diseño, o de la ausencia de diseño, en el cosmos, y de nuestra relación con él. Lo que me propongo hacer es plantear algunos cuestionamientos y hacer algunos comentarios sobre este tema, y organizar mi presentación de acuerdo a subtítulos que convenientemente aparecen con las palabras que encontramos en esta pregunta: origen, evolución, universo, evidencia y designio. Estos términos se apegan a cierto tipo de racionalidad y circunscriben nuestra deliberación respecto a la pregunta.

Origen

La cuestión del origen del universo se relaciona íntimamente con la comprensión del tiempo. Es prácticamente imposible que la mente Occidental, en particular desde Agustín en el siglo V, deje de pensar en el tiempo como algo lineal. La noción de un tiempo lineal entró profundamente en la estructura del pensamiento científico. Incluso cuando pensamos en un tiempo no lineal, como a veces lo hacemos en la física contemporánea, vemos las propiedades del tiempo que no son clásicas: cuáles son sus variables conjugadas, cómo funciona en otras dimensiones y espacios, etcétera. Pero es importante enfatizar que en física siempre trabajamos con cierta dimensión de tiempo, y nunca con la situación en que "el tiempo ya no existirá" (Apocalipsis 10.6). Claro que cuando extrapolamos a lo largo de la dimensión del tiempo, podríamos toparnos con una singularidad, como lo hacemos, por ejemplo, en las ecuaciones relacionadas con el colapso gravitacional o las soluciones cosmológicas que llevan a la teoría de la gran explosión sobre el origen del universo. Allí, nuestras nociones del tiempo se tuercen y necesitamos métodos muy ingeniosos para superar esas dificultades.

Lo que debemos notar, sin embargo, es que desde el punto de vista de los cosmólogos físicos, las cuestiones relacionadas con el principio del universo tienen que ver por completo con lapsos de tiempo cada vez más cortos, a partir del suceso inicial en el que todo esto comenzó. Sin importar cuantas dificultades teóricas y prácticas podríamos encontrar, lo que en realidad estamos tratando de hacer es seguir la coordenada del tiempo hasta cero. En la actualidad tenemos teorías sobre el estado del universo en periodos del orden de 10^{23} segundos después del cero absoluto en el tiempo. Existen razones teóricas para creer que esto podría ser lo más que nos podemos acercar al principio absoluto siguiendo la coordenada del tiempo. De ser así, de acuerdo con nuestras nociones presentes sobre el tiempo, no tiene sentido hablar del tiempo cerca del principio y ciertamente no antes del principio.

El tipo de principio que los cosmólogos físicos buscan no es el principio del que se habla en la literatura mística y mítica. Por ejemplo, cuando en las primeras líneas del Génesis dice "En el principio Dios creó el cielo y la tierra", nos sentimos tentados a decir que según la Biblia, el cielo y la tierra fueron las primeras manifestaciones. No obstante, hacerlo es un error, como podemos ver en los versículos siguientes. Los cielos no se crearon hasta el segundo día y la tierra no se creó hasta el tercero; y los cielos, a los que también se da el nombre de firmamento, fueron creados para dividir las aguas de arriba y las aguas de abajo. Estas aguas, como podemos notar, existían antes de la existencia de los cielos y la tierra, las que, por otra parte, se dice que fueron creadas en el principio. Quizás se nos estén presentando dos tipos diferentes de cielos y dos tipos diferentes de tierra. No abordaré aquí una exégesis bíblica; lo único que quiero sugerir es que aquí tenemos una noción de un principio que es distinta a la noción científica.

Claro que en pasajes de este tipo podríamos encontrar dificultades con el lenguaje que son característicos de toda literatura religiosa, y a menudo también de la poesía, al igual que de cualquier situación de intimidad. Pero no hay razón para imaginar que las escrituras deberían estar a nuestro servicio y que deberían ser claras para nosotros mientras sigamos siendo como somos. Me imagino que las escrituras por lo menos nos invitan a realidades que no percibimos ordinariamente. Existe un acuerdo universal entre todas las tradiciones espirituales respecto a que, con el fin de percibir estas realidades ocultas, algo en nosotros necesita cambiar. No podemos permanecer tal como somos y llegar al Misterio. Ese cambio recibe muchos nombres: cambio en el nivel de ser, cambio en el nivel de conciencia, profundización de la fe, renacer, abrir el tercer ojo, la verdadera gnosis, etcétera. Uno de los cambios fundamentales que se dice ocurre cuando las puertas de la percepción se limpian tiene que ver con el tiempo: No sólo cambia nuestro sentido de duración, sino que, lo que es más importante, nuestra relación con el paso del tiempo se altera de forma radical.

Afirmaciones como "En el principio era el Verbo" no son afirmaciones que se relacionen con el tiempo ordinario, el tipo de tiempo en un eje de coordenadas cuyo punto de origen es el principio. Estas afirmaciones tienen peso y significado precisamente porque se dijeron y se recibieron en estados altos de conciencia. Es cierto que las escrituras pueden usarse mal y se han usado mal para ocultar la pereza intelectual o para fomentar el miedo, el odio, la intolerancia y actitudes similares. Ese mal uso puede hacer que un documento o símbolo espiritual sea aterrador o incluso odioso para la gente de buena voluntad. Sin embargo, siempre que estos escritos y símbolos le hablan a alguien a nivel espiritual, es porque llevan a un nivel más alto de energía y no principalmente (o en absoluto) a causa de cierta claridad o acuerdo lógico con nuestras nociones científicas sobre el espacio y el tiempo.

Este otro tipo de tiempo, el de los mitos y los escritos místicos, ciertamente no contradice a nuestro tiempo ordinario. Sin embargo, tampoco es una mera extensión de él en cualquier dirección de las coordenadas de tiempo, hacia el principio o hacia el final. Así como el "principio" de las escrituras no es el cero de nuestras coordenadas de tiempo, la "eternidad" mística no es una extensión infinita del tiempo. Por tanto, lo que dura por siempre no es necesariamente eterno. Al parecer el tiempo espiritual es en cierta forma ortogonal al tiempo científico, pues los matemáticos usan la noción de lo ortogonal, es decir, que está en una dimensión totalmente independiente del dominio del tiempo, aunque puede tener una intersección con el tiempo en cualquier momento. Por tanto, incluso si consideráramos al tiempo como algo multidimensional, como algo sin secuencia, o en cualquier otra forma, ninguna manipulación del tiempo o en el tiempo podría llevar a la dimensión de la eternidad que es ortogonal al tiempo y que habla de principios y finales míticos.

Evolución

Mientras haya tiempo, hay cambio. Así es como entendemos y medimos el tiempo; así es como sabemos que el tiempo existe y pasa. Es sólo en este mínimo sentido físico, que el estado A se transforma en el estado B, y sólo en este sentido hablamos de la evolución del universo en la cosmología física. Pero existe un uso ordinario de la palabra *evolución* que tiene cierta connotación emocional con la cual necesitamos tener cuidado; de lo contrario sólo introducimos un problema filosófico donde no tenemos la intención de introducirlo. Por lo general, uno piensa que la evolución contiene la idea de cambio en una dirección deseable, de modo que el producto final está en un nivel más alto que sus antecesores.

Pero es muy difícil decir en qué sentido se entiende la palabra "nivel". Existen algunas nociones relacionadas como desarrollo, crecimiento y progreso. Algo o alguien que está en un nivel más alto puede tener más ser, más conciencia, más sabiduría, o el potencial para llevar a cabo tareas más complicadas que en un nivel inferior. Lo importante es que la idea de jerarquía se integra a la noción de niveles y de evolución, y que además, especificamos lo que consideramos más alto o más bajo, o si un proceso es degenerativo, progresivo o estático. Los cosmólogos en realidad hablan del cambio físico, sin añadir noción alguna de jerarquía de ser. Pero una vez que el universo se desenvuelve, se le puede juzgar desde un punto de vista en particular. Como en el relato de la creación del Génesis, al final de cada día y cada nueva manifestación, Dios la miraba y decía que era buena. Nuestros cosmólogos consideran lo que suponen que ocurrió y dicen que el cambio fue evolución. Todo lo que describen nuestras leyes físicas es cambio en el tiempo. En ellas no existe un lugar para la intención, el propósito o la evolución, mientras contenga la carga del sentido emocional del progreso.

Vale la pena prestarle un poco más de atención a este punto. En la historia de la filosofía natural, las ideas relacionadas con el cambio y las leyes que gobiernan la dinámica de la naturaleza se han relacionado íntimamente con nociones de causa, por razones obvias. Para nuestros propósitos, se pueden distinguir tres nociones distintas de causa: la metafísica, la física y la biológica.

La noción metafísica de causa, que prevaleció hasta el siglo XVI, supone que la causa es mayor que el efecto. Por tanto, en la teología, el creador es por naturaleza más grande, está en un nivel más alto de ser, de inteligencia y de poder, que la creación. Este principio también se aplicó a la filosofía natural y desde el punto de vista del desarrollo posterior de la ciencia, fue un obstáculo en la comprensión adecuada de la naturaleza.

Durante el siglo XVI, surgió una nueva comprensión de la causa física, según la cual la causa y el efecto estaban al mismo nivel. Este fue un periodo de la historia en que ocurrió una clasificación general en todos los campos de la cultura y la sociedad humanas. En la filosofía natural, no se hablaba de que una causa fuera más alta que un efecto o que en cierto sentido lo contuviera. Por el contrario, se hablaba del cambio de un estado de la materia a otro, sin elevar ni reducir su nivel de ser, inteligencia o conveniencia. El cambio de lo metafísico a lo físico que ocurrió en el siglo XVI fue sutil; un cambio del ámbito de las intenciones, la voluntad, las razones y los propósitos, de las fuerzas y las leyes necesarias para realizar estas intenciones en la naturaleza (o dicho en otro lenguaje, de ángeles a poderes), a un campo de fuerzas y leyes que operan en la naturaleza sin propósito alguno. La controversia filosófica y teológica entre Leibniz y Newton se relacionó con este cambio en la manera de entender la causa y con la consecuente división entre el ámbito de los hechos y el ámbito de las intenciones, o la división entre la naturaleza y el espíritu.

En el siglo XIX surgió una noción biológica de causa, según la cual la causa es inferior al efecto. Lo que es inferior ontológicamente, en inteligencia o en la sutileza de la organización celular, da origen a algo superior. Por tanto, las amibas a su debido tiempo darían origen a Einstein. En vista de que lo que sigue es más deseable que lo que precede, desde el punto de vista humano, esta noción de causa recibe, adecuadamente, el nombre de evolución. Este principio es opuesto a la noción metafísica y teológica de causa: En lugar de proceder de las alturas, la creación, incluyendo a los seres humanos, ahora procede de abajo. Por consiguiente, esta idea naturalmente trae consigo una gran ansiedad e intranquilidad, en especial para quienes encuentran consuelo en la fe en una causa última, o en un Dios, que se ocupa personalmente de su bienestar.

Regresemos ahora a la cosmología científica. En este siglo se formuló la idea de que todo el universo, como tal, es dinámico. Una de las soluciones para las ecuaciones de campo de la Relatividad General exigía que el universo como un todo fuera dinámico; de lo contrario la solución sería inestable. Esta noción del dinamismo del cosmos parece haber sido una idea tan revolucionaria en el mundo judío y cristiano que incluso un pensador radical como Einstein recibió un impacto. Él manejó sus ecuaciones y les introdujo otro factor llamado la constante cósmica, que ayudó a encontrar una solución estacionaria en las ecuaciones de campo. Poco después, se descubrió que incluso introduciendo esta constante que se introdujo de manera casi arbitraria, las soluciones dinámicas a las ecuaciones seguían dando resultados. Además, unos cuantos años más tarde, Hubble descubrió, a partir de datos de observación, que las galaxias se estaban retirando unas de otras a la velocidad de la luz y que en consecuencia el universo se estaba expandiendo. Esta fue la confirmación más significativa, basada en observación, de la teoría de la Relatividad General propuesta por Einstein, y el propio Einstein comentó más tarde que la introducción de la constante cósmica en sus ecuaciones de campo fue "el error más grande" de su vida.

Por tanto, las ecuaciones fundamentales en que se basa la cosmología física moderna, no tienen nada que ver con la evolución, excepto en el mínimo sentido físico del cambio. La cosmología moderna es como el resto de la física en lo que se refiere a la noción de causa: describe el cambio en la materia y la energía de un estado a otro. Naturalmente, desde nuestro punto de vista, la aparición de las estrellas, las galaxias, el sistema solar y finalmente nuestra propia aparición, es más deseable que el hecho de que no hubieran aparecido, y por tanto nos sentimos justificados al describir este cambio como evolución.

Necesitamos estar conscientes de que en este proceso estamos combinando las dos nociones diferentes de causa que se describieron antes. Una de ellas nos es necesaria para nuestro conocimiento; la otra es la cubierta emocional por la razón obvia de que los humanos estamos al final del cambio correspondiente. Por tanto, se nos carga con un problema filosófico debido a nuestro sentimentalismo respecto a los seres humanos y al mismo tiempo se insiste en una limitada visión psicobiológica del hombre. No necesitamos una visión tan limitada de la cosmología que no pueda tomar en cuenta nuestra parte más profunda y espiritual.

En la cosmología física, que en su ámbito es un estudio perfectamente legítimo y maravilloso, lo que nos preocupa es el cambio en la forma física de la materia y la energía. No hablamos de evolución espiritual, y de hecho no podemos hablar de ella dentro del marco de las suposiciones y procedimientos que gobiernan el tema. Claro que los seres humanos siempre han tenido una necesidad y un sentido de lo sagrado; esto en sí nos da significado y propósito tanto a nosotros mismos como se lo da al cosmos. Al estar fundamentalmente privados de lo sagrado, estamos llenos de angustia personal y andamos sin rumbo en la vastedad del espacio-tiempo, carente de significado. Las teorías físicas sobre la naturaleza estática o dinámica del universo, no se relacionan, ni pretenden relacionarse, con significados y propósitos.

Universo

¿A qué nos referimos cuando decimos *universo*? Supuestamente a todo lo que existe. ¿Tiene un gato o una abeja el mismo universo que un ser humano? ¿Tiene una persona que no escucha tonos o una que no percibe colores el mismo universo que alguien con talento musical o un pintor? ¿Tiene una persona que está ciega a los símbolos o al espíritu, o que no es sensible a lo maravilloso, a la belleza o a la presencia espiritual el mismo universo que un científico, un poeta o un místico?

Lo que existe es una función de quien ve. Este axioma no tiene la intención de apoyar una postura filosófica que afirma que una cosa no existe a menos que alguien la vea. Lo que me preocupa es nuestro conocimiento: lo que sabemos, de hecho y potencialmente, sobre este universo depende de los procedimientos, métodos e intereses que apliquemos a nuestra observación. Si no sabemos cómo encontrar a los ángeles y no nos interesan, diremos que los ángeles no existen. Y es cierto que no son parte de nuestro universo científico. Tampoco lo son "las nubes que se ciernen sobre nosotros", que eran parte del universo de Wordsworth, ni lo son los colores danzantes que habitaban en el universo de Blake, ni los querubines y serafines que cantan "Santo, Santo, Santo", y eran parte del universo de Bach. El universo del cosmólogo físico, a pesar de lo vasto y maravilloso que es, no contiene todo lo que existe. Como Shakespeare lo habría dicho: "Hay más cosas en el cielo y en la tierra de las que sueña tu filosofía".

Incluso cuando se toman en cuenta los errores y las ilusiones, que por supuesto pueden arruinar tanto al cosmólogo como al poeta, al músico o al místico, es difícil descartar estos otros campos. Casi nadie estando en su sano juicio y teniendo buena voluntad descarta las artes de manera incontrolada. Pero es asombroso que para tantas personas sea mucho más fácil descartar al místico y al teólogo. Existen razones históricas comprensibles para descartarlos, pero lo que nos preocupa aquí es que actualmente en los círculos intelectuales no se considere que estos campos sean relevantes a las deliberaciones relacionadas con el cosmos.

Los universos que el artista, el músico o el místico consideran más valiosos, nosotros los relegamos a un ámbito lóbrego e imaginario que no es totalmente real. Creemos que esos ámbitos imaginarios ciertamente no son tan reales como los universos múltiples, el universo de sombras, el antiuniverso o los demás universos extraños que conforman las especulaciones de los cosmólogos físicos contemporáneos. Suponemos que sin importar lo que los músicos, los artistas o los místicos pudieran hacer, ciertamente no están produciendo conocimiento. Diríamos que los científicos y sólo ellos son los que producen el conocimiento. Y los filósofos contemporáneos, a pesar de todo su amor a la sabiduría, en general están de acuerdo. Ahora no podríamos decir, como los positivistas, que "carecer de ciencia es una necedad", pero seguramente diríamos que carecer de ciencia no nos puede llevar al conocimiento y a la verdad.

Lo que incluimos en el universo se relaciona con la idea tradicional de los "niveles de materialidad". Los filósofos medievales afirmaban que la materia de diferentes planetas era diferente, al igual que las leyes que operaban en ellos. Fue un avance considerable en astronomía establecer que a nivel fundamental el mismo tipo de materia prevalecía en todo el universo y estaba sujeta a las mismas leyes en todo lugar. Sin embargo, cuando pasamos de la filosofía natural de la Edad Media, ya se tratara de alquimia, astrología, matemáticas o cosmología, a las ciencias modernas, nuestra reacción general a la naturaleza anticuada del pasado y nuestro entusiasmo respecto a los nuevos descubrimientos ciega a la mayoría de nosotros y no nos permite ver la naturaleza simbólica y analógica del pensamiento medieval.

Existe una antigua analogía entre cada ser humano y el universo, entre el microcosmos y el macrocosmos, que refleja interiormente sus principios esenciales. Entonces podríamos darnos cuenta de que los diversos planetas, los distintos materiales que hay en ellos y las diversas leyes que en ellos actúan, son símbolos de los diferentes niveles de inferioridad que hay en el interior de un ser humano, y que la calidad de la materia y la energía a diferentes niveles de la mente es distinta a la materia y energía del cuerpo y está sujeta a diferentes leyes. En ocasiones esta idea se ha mostrado de manera explícita en diversos diagramas, pero el hecho de que prevalezcan maneras de pensar simbólicas y analógicas significa que a menudo se dio por sentado, como se da por sentado en la actualidad, que todas las personas que asisten a reuniones razonables naturalmente aceptan la modalidad de la racionalidad científica. Es claro y obvio que, como Blake lo expresó brevemente: "La razón y Newton son dos cosas muy distintas". Lo que ocurre en nuestra mente y en nuestros sentimientos, y no sólo lo que ocurre en nuestro cuerpo, también contribuye a la totalidad de lo que existe.

En principio, las funciones mentales y psíquicas no están fuera del dominio del conocimiento científico. No son sobrenaturales; es decir, opuestas a lo natural, y por tanto no se les excluye de las investigaciones de la filosofía natural. No hay nada sobrenatural en la mayoría de las cosas que se clasifican como percepciones extrasensoriales o hechos milagrosos. Las percepciones extrasensoriales, ciertamente están presentes en las percepciones externas a la ciencia, pero no hay en ellas nada que inherentemente supere a la naturaleza. Tal vez se requiera de una ciencia radicalmente alterada para comprender lo que actualmente se conoce como percepción extrasensorial, así como se requirió de una ciencia radicalmente alterada para comprender los relámpagos del firmamento o la luz del sol, que posiblemente parecían muy sobrenaturales desde la perspectiva de los científicos del siglo XIV. Es importante distinguir, como lo hizo San Agustín, entre lo que aseguramos que es realmente naturaleza y lo que sabemos de la naturaleza. Los límites de nuestro conocimiento no necesariamente son los límites de la naturaleza.

Pero es aún más importante comprender que, incluso con una ciencia radicalmente alterada que pudiera explicar las percepciones extrasensoriales y otros sucesos "milagrosos", no podemos llegar al final de todo lo que existe. "Todo lo que existe" supera por mucho el ámbito de la naturaleza, el dominio de la causa y la materialidad, sin importar lo sutiles que sean nuestras descripciones. Decir que aún no conocemos ciertos niveles de la naturaleza no equivale a decir que la naturaleza es lo único que hay que conocer o lo único que puede existir. De hecho, prácticamente sin excepción, todos los grandes maestros espirituales como el Buda, el Cristo, Patañjali, Krishna y Moisés, nos han advertido que no es conveniente sentir una fascinación excesiva hacia los fenómenos milagrosos y los poderes ocultos, que se dice son desviaciones de verdaderos caminos espirituales.

Aquí se podrían hacer dos comentarios relacionados, y relativamente parentéticos. El primero se relaciona con una importante distinción que se hizo durante la revolución científica que empezó en el siglo XVI, entre las cualidades primarias y secundarias de la materia. Esta distinción tuvo un papel crucial en el desarrollo de las ciencias físicas y también en el subsecuente empobrecimiento de la naturaleza. Las cualidades primarias eran extensión, masa y velocidad; a esta lista se agregó carga en el siglo XIX, y en el siglo XX se agregaron giro, extrañeza, encanto y otras. Las cualidades secundarias eran gusto, color, olor y cosas similares; no se consideraba que fueran parte de la naturaleza, sino que eran subjetivas y en cierta medida poco confiables. A las características terciarias, como la belleza, el propósito o el significado, se les consideraba incluso más subjetivas y menos confiables.

Las cualidades secundarias y terciarias se fueron eliminando gradualmente, no sólo como instrumentos para la investigación de la naturaleza, sino también como factores que constituyen fundamentalmente a la naturaleza. Propiamente dicho, no se les podía estudiar como si ellas constituyeran la realidad, sino como algo que era necesario explicar y comprender con base en las cualidades primarias. Por tanto, se introduce un profundo reduccionismo en las suposiciones fundamentales de la investigación científica. Una división entre la *res extensa* (lo que se puede medir) y la *res cogitans* (lo que está consciente) implicó cierta inestabilidad ligada al ámbito de la mente. Desde un punto de vista científico, como se puede ver claramente en la psicología conductista, todas las funciones psíquicas deben ser reducibles a movimientos externos.

Por otra parte, tenemos el problema filosófico del dualismo de la mente y el cuerpo. En algunos círculos teológicos, de hecho se entiende como un dualismo entre el alma y el cuerpo, en el que el alma es sobrenatural, totalmente ajena al ámbito de la naturaleza y de la investigación científica, ubicada en el ámbito de la fe y alejada del conocimiento. Así, todo conocimiento real de la psique o del alma en cierta forma se despacha sumariamente: los científicos niegan la existencia de todo aquello que no puedan estudiar por medios físicos, y los teólogos niegan la posibilidad de que se llegue a tener conocimiento alguno de ello. Pero en ningún caso pueden las cualidades espirituales tener una existencia independiente en el cosmos, que podamos estudiar.

El segundo comentario parentético brota de un estudio comparativo de la historia de las ideas en el mundo occidental y en la India. En la filosofía griega y en los escritores del principio del Cristianismo, al igual que en la tradición de la India, existía en el ser humano una triple división: el espíritu, el alma y el cuerpo, o utilizando la terminología de San Pablo, *pneuma*, *psique* y *soma* (Armstrong y Ravindra, "Dimensiones del Yo"). Gradualmente, esta triple división se redujo a una división doble: el espíritu y la naturaleza, la mente y la materia, o el alma y el cuerpo. Descartes explícitamente identifica al espíritu con el alma y a ambos con la mente. En el mundo occidental, desde la época de Descartes, por lo general se considera que el alma es más o menos espiritual, y no tanto natural.

También en la India ocurrió una reducción parcial de la división triple a una división doble. No obstante, allá por lo general se ha considerado que la psique está en el ámbito de la naturaleza y que por lo tanto está sujeta a sus leyes y puede someterse a la investigación científica. Por tanto, los pensamientos, los sentimientos y los fenómenos psíquicos, incluyendo aquellos que se consideran paranormales, están en el ámbito de *prakriti*, la naturaleza; es decir, bajo el dominio de la materialidad y la causa. Según el pensamiento hindú, lo que se conoce como milagros, por ejemplo, los que se mencionan en la Biblia, no son sobrenaturales ni espirituales, aunque sean poco usuales y extraordinarios. El espíritu está incluso por encima de ellos.

Evidencia

Ya hemos hablado del hecho más o menos obvio de que nuestro conocimiento depende de los procedimientos, métodos e intereses que nosotros aportamos respecto a conocer el cosmos. Neils Bohr estaba en lo correcto cuando dijo que "es erróneo pensar que la tarea de la física es descubrir cómo es la naturaleza. La física se ocupa de lo que podemos decir sobre la naturaleza" (Moore, *Niels Bohr*). Por supuesto, incluso lo que podemos decir sobre la naturaleza, depende de la modalidad de discurso que una comunidad de científicos acepta como apropiada. En ese universo de discurso, sólo ciertos tipos de datos son aceptables como evidencia, y otros no lo son. Por ejemplo, los ángeles, que son tan reales para Blake, no son datos científicos aceptables, como tampoco lo son las fugas de Bach. De hecho, ninguna experiencia interior es parte de los datos científicos.

El conocimiento científico no es un "conocer mediante participación", sino un "conocer mediante introducir distancias". No es un conocimiento "de mí hacia ti", sino un conocimiento "de mí hacia algo". Por tanto vemos que el conocimiento científico es ciertamente objetivo; pero no es objetivo en el sentido místico, en donde el yo que observa se vacía o se "niega" tan completamente que el objeto se revela tal como es: el objeto en sí mismo, en toda su luminosidad y particularidad. Los sabios de todas las culturas han dicho que sólo en este estado de conciencia, vacío del yo, se conoce un objeto tanto en su unidad con todo lo que existe, como en su naturaleza distinta y única. Entonces, una entidad, un árbol, una persona, una cultura o todo el cosmos, se comprende tanto en su aspecto interno como en su aspecto externo. La "objetividad" científica viene por otra ruta, incluso en la etimología de la palabra (del latín *obicere*, "estar en el camino de algo, obstruir"), según la cual nos lanzamos hacia algo o contra algo, como se entiende en la palabra "objeción". Una modalidad es el amor, la otra el combate.

Los místicos constantemente hablan del amor. Se nos dice que Dios es amor, por ejemplo en el Nuevo Testamento, o que el amor es lo que sostiene a todo el cosmos, como por ejemplo en la *Divina comedia* de Dante, o que el amor fue lo primero que se creó y que absolutamente todo brotó de él, como en el Rig Veda. Pero con nuestros métodos científicos, queremos conquistar a la naturaleza como si fuera un adversario. De hecho los científicos nunca hablan de ella como de una persona, sino como de un objeto. Naturalmente, lo que está muerto o nunca ha estado vivo difícilmente puede tener intenciones, propósitos, razones o sentimientos. En pocas palabras, no puede tener interioridad. La evidencia que implica este sentido de interioridad, y que se basa en la relación entre "yo y tú", está totalmente fuera del ámbito de la ciencia.

Lo que se está analizando aquí es un tipo diferente de conocimiento. Lo importante no es ver cosas distintas, sino verlas de una manera distinta; no se trata de contenidos del mismo nivel consciente que se cambian o se expanden, sino de una calidad distinta de conciencia. Así como uno puede tener una relación "de yo a tú" incluso con un gato o con un árbol, como solía decir Martín Buber, también puede llevar la actitud de "yo a algo" a los seres humanos o incluso a Dios, si sólo buscamos usarlos como objetos. Esa era, por ejemplo, la actitud de Newton, que quizás es el más grande de todos los científicos; como uno de sus biógrafos, Frank Manuel, afirmó: "Para Newton, las personas por lo general eran objetos, no sujetos". Los científicos no tienen el monopolio de la actitud "de yo a algo", ni carecen, como clase, de una relación "de yo al tú". Pero cuando están trabajando en el campo de la ciencia, automáticamente excluyen del conjunto de las evidencias científicas la actitud "de yo al tú" y cualquier observación que se base en la interioridad del objeto.

En los últimos cuatro siglos, ha habido una virtual explosión en cuanto al número de instrumentos científicos que han expandido nuestra capacidad para observar lo muy pequeño o lo muy lejano, y para medir lapsos de tiempo extremadamente pequeños. Debido a esta inmensa expansión cuantitativa en el campo de nuestra observación, ahora podemos ver el cosmos con otros ojos. Ha habido una expansión de nuestros ojos, pero no una purificación; como lo habrían entendido Blake o Goethe. Nada en la naturaleza de la propia ciencia nos llevaría a decir, con San Francisco: "Hermano Sol; hermana Luna".

Cualquiera de nosotros, científicos o no científicos, puede, por supuesto, conmoverse profundamente al sentir nuestra unidad con el cosmos. Además, cualquiera puede sentirse impactado por lo maravilloso y lo misterioso del cosmos, y por su diseño, tanto en la actualidad como en los días de Newton, de Arquímedes o de Pitágoras, aunque por desgracia, la mayoría de nosotros rara vez experimenta este impacto. Estos sentimientos y percepciones están en dimensiones diferentes a las que abarcan nuestras observaciones científicas. Ninguna expansión cuantitativa de datos y teorías puede llevarnos a la dimensión de los significados, así como tampoco una extensión infinita de tiempo nos llevaría a la eternidad.

Diseño

Es difícil imaginar a un científico que no vea orden en este universo, que no perciba la armonía de las diversas fuerzas que permiten la continua existencia del mundo, y que no capte una pauta que implica la regularidad de los fenómenos y la generalidad de las leyes. Cuanto más sabemos sobre el universo, más percibimos lo elegante y maravilloso de su ordenamiento. La mayoría de los científicos comparten con Einstein (*De mis últimos años*) una "profunda convicción sobre la racionalidad del universo", y el sentimiento de que ningún científico genuino podría trabajar sin una profunda "fe en la posibilidad de que las reglas que son válidas para el mundo de la existencia sean racionales, es decir, comprensibles para la razón". El propio Einstein describía esto como un "sentimiento religioso cósmico", que él consideraba era "el motivo más fuerte y noble para la investigación científica". Aunque otros científicos habrían sentido timidez o vergüenza ante la palabra "religioso", de ninguna manera son ajenos al sentimiento que describe Einstein.

Lo que pone a los científicos a la defensiva no es la idea o el sentimiento del "diseño" de este universo, sino la sospecha de que, asechando detrás de la más leve concesión que se tenga al usar esta palabra, esté el teólogo quien saltará de gozo y de inmediato tratará de dominarlos con la noción de un Diseñador y todo lo que eso conlleva. ¡El diseño no es lo que intranquiliza a los científicos, sino los diseños que perciben ocultos detrás de la más leve admisión de un diseño! De nada sirve decirles que los teólogos han estado a la defensiva a lo largo de casi trescientos años y están tan ansiosos por lograr la aceptación de sus colegas científicos, que se entusiasman demasiado si perciben la posibilidad de una tregua.

Toda ciencia es una celebración del modelo, la regularidad, la legalidad, la armonía, el orden, la belleza; en otras palabras, de todas las manifestaciones del diseño. Lo que no tiene mucho que ver con esto es el Diseñador, que está muy por encima del diseño y que en ocasiones interfiere en el universo contradiciendo las leyes naturales. Ya en el siglo XVII, Leibniz pudo recordarle a Newton que su Dios era como un ingeniero jubilado; después de crear leyes perfectas y de poner al universo en movimiento en un principio, ya no se le necesitaba y podía estar en un sabático permanente. La perfección misma de las leyes científicas y lo mucho que abarcan, hace que la presencia continua de este tipo de Dios sea menos necesaria.

Tener que inferir al Diseñador a partir del diseño es en gran medida un tipo especial de hábito teológico y lingüístico. Se basa en una noción de diseño cuyo carácter es más tecnológico que científico o artístico. En el arte, siempre está presente un elemento definido de juego, improvisación y sorpresa. Ningún trabajo creativo es como pintar guiándose por números; el artista no sabe con anterioridad cómo será el producto terminado. Y cualquier científico que sabe con anterioridad lo que va a encontrar al final de su trabajo, no necesita que alguien financié su investigación, pues es casi innecesario que la lleve a cabo. No estoy descartando la convicción intuitiva que puede tener un científico sobre cierta idea o método, gracias a la cual sabe cuál deberá ser el resultado antes de involucrarse en cálculos detallados o en un experimento. Pero todo buen científico, incluso un Einstein o un Newton, tiene muchas convicciones intuitivas que simplemente no llevan a ninguna parte. En la actividad real de deducir ideas y en su encuentro con la realidad, está el verdadero placer, la gran emoción, e incluso el terror de la creatividad. Sin ellos, la actividad científica y artística sería muy aburrida.

Y cualquier Dios que pudiera crear un universo sin placer, sin espíritu de juego, sin maravillarse y sin libertad y nuevas posibilidades, en realidad sería un Dios muy aburrido. Sería un Dios de especialistas sombríos, pero no un Dios de diletantes, que se fascinan en lo que hacen y estudian. Un Dios así podría ser un buen técnico que realiza un diseño, o un buen burócrata que mantiene a todo el mundo en su lugar, o un contador cuidadoso que le sigue la pista a las acciones de cada uno para después emitir el juicio necesario; incluso podría actuar como el presidente de una gran corporación, como por ejemplo, una universidad moderna. Pero ciertamente no sería un buen científico, artista o místico. Un Dios así no podría ser el Dios de amor o de sabiduría, y sería muy difícil deleitarse en Él.

Etimológicamente, diseño se relaciona con "signo de". ¿Signo de quién? Desde el punto de vista de la historia, en la teología cristiana, con raras excepciones, los signos siempre son de un Dios personal. Sin embargo, existen profundas incompatibilidades entre el conocimiento científico y la idea de un Dios personal, a pesar del hecho de que muchos de los grandes científicos, por ejemplo Newton, estaban profundamente comprometidos con un Dios personal. A continuación se presenta un breve extracto de un manuscrito de Newton, que en la actualidad está en la Biblioteca Nacional de la Universidad Judía (*Yehuda Ms.* 15.3, y siguientes):

> Debemos creer que existe un Dios o un Monarca supremo a quien podamos temer y obedecer, observar sus leyes, honrarlo y glorificarlo. Debemos creer que él es el padre de quien brotan todas las cosas, y que ama a su pueblo como a sus hijos para que ellos se amen mutuamente, lo amen a él y lo obedezcan como a un padre. Debemos creer que él es el *pantokrator*, Señor de todas las cosas, que tiene poder y dominio irresistibles e ilimitados, y nosotros

> no podríamos tener la esperanza de escapar de él si nos rebeláramos, ni de establecer otros Dioses, ni de transgredir las leyes de su monarquía, pero podemos esperar grandes recompensas si hacemos su voluntad... para nosotros sólo existe un Dios padre, a quien pertenecen todas las cosas, y nosotros en él, y un único Señor Jesucristo, por quien existen todas las cosas y nosotros existimos por él; es decir, sólo un Dios y un Señor en nuestro culto.

Sin embargo, desde los tiempos de Newton, y debido en parte a la ciencia que él ayudó a crear, los científicos están mucho menos cómodos respecto a aceptar ese tipo de fe en un Dios personal, y ciertamente respecto a expresarla. Existe un sentimiento de incompatibilidad fundamental entre la ciencia y una fe de este tipo. La mayoría de los científicos actuales estarían de acuerdo con Einstein en su descripción de lo que él llamó su sentimiento religioso como:

> Un sentimiento de asombro ante la armonía de la ley natural, que revela una inteligencia tan superior que, comparado con ella, todo el pensamiento y la actividad sistemática de los seres humanos es un reflejo verdaderamente insignificante. Lo más bello que podemos experimentar es lo misterioso, que es la fuente de toda ciencia y arte verdaderos. Saber que lo que es impenetrable para nosotros realmente

> existe y se manifiesta como la sabiduría más sublime y la belleza más radiante que nuestras limitadas facultades sólo pueden comprender en sus formas más primitivas; este conocimiento, este sentimiento, está en el centro de toda religiosidad verdadera. En este sentido, y sólo en este sentido, yo pertenezco a las filas de los hombres religiosos y devotos. (*Ideas y Opiniones*).

Muchas personas que conocieron a Einstein personalmente, insistían en que era la persona más religiosa que habían conocido. Pero no era religioso en ninguna iglesia ni a la manera de una denominación religiosa en particular. Como él dijo en numerosas ocasiones y en muchas formas: "Mi religión consiste en una admiración humilde hacia el espíritu superior que se revela en los detalles más pequeños que podemos percibir con nuestras mentes frágiles y débiles. Esa profunda convicción emocional de la presencia de un poder de raciocinio superior que se revela en el universo incomprensible, es mi idea de Dios" (citado en el *New York Times* el 19 de abril de 1955, obituario).

Aquí vemos que una excelente ilustración de asombrarse ante la belleza, la armonía, el orden y el diseño del universo no necesariamente significa que uno acepta a un Dios personal o sectario. Vale la pena citar a Einstein ampliamente sobre este tema, tomando lo que dijo en un discurso sobre "Ciencia y Religión" en un simposio en el año de 1941:

La fuente principal de los conflictos actuales entre las esferas de la religión y de la ciencia está en este concepto de un Dios personal. El objetivo de la ciencia es establecer reglas generales que determinen la conexión recíproca entre objetos y sucesos en el tiempo y el espacio. Esas reglas o leyes de la naturaleza, requieren una validez absolutamente general, no comprobada. Es ante todo un programa, y la fe en la posibilidad de lograrlo, en principio, sólo se basa en éxitos parciales. Cuanto más se empape el hombre de la regularidad ordenada de todos los sucesos, más firme llega a ser su convicción de que no se dejó ningún espacio, a un lado de esta regularidad ordenada, para causas de naturaleza distinta. Ciertamente, la ciencia nunca podría refutar, en un sentido verdadero, la doctrina de un Dios personal que interfiere con los sucesos naturales, pues esta doctrina siempre puede refugiarse en regiones donde el conocimiento científico todavía no ha podido entrar.

Pero estoy convencido de que tal comportamiento por parte de los representantes de la religión no sólo sería indigno sino fatal. Pues una doctrina que sólo puede mantenerse en las tinieblas y no a plena luz, necesariamente perderá su efecto sobre la humanidad, causando así un gran daño al progreso humano. En su lucha a favor del bien ético, los maestros de religión deben tener la altitud suficiente para presentar la doctrina de un Dios personal, es decir,

> renunciar a esa fuente de temor y esperanza que en el pasado puso tanto poder en manos de los sacerdotes. Al hacerlo, tendrán que recurrir a las fuerzas que son capaces de cultivar lo Bueno, lo Verdadero y lo Hermoso en la humanidad. Seguramente esta es una tarea más difícil, pero es una tarea incomparablemente más digna. (*De mis últimos años.*)

A mi juicio, que en este aspecto es distinto al de Einstein, la causa principal de la incompatibilidad entre la ciencia y la teología o la religión eclesiástica, lo que no debe confundirse con la espiritualidad, no es tanto el concepto de un Dios personal, sino la visión del conocimiento que prevalece en los círculos científicos, como ya se mencionó, y la noción limitada del Espíritu o la Divinidad que tienen los teólogos. Entender, correctamente, que la Divinidad está al menos al nivel de la persona humana, no significa que sólo sea personal. Los aspectos personalistas del Ser, como la inteligencia, la intención, la voluntad, el propósito y el amor, que son todos signos de interioridad, no tienen que llevar a un concepto de un Dios personal hecho según la imagen externa del hombre, con una forma definida y separado de otros. La calidad única de cualquier nivel de ser, si se ve separada de la unidad de todo Ser, lleva a limitaciones en la visión, a la parcialidad y al exclusivismo.

Como nos dice la Escritura, los seres humanos fueron creados a imagen de Dios, lo que a mi entender significa que un ser humano es potencialmente capaz, en su nivel más profundo, de ser uno con la Divinidad. Esto es lo que siempre han dicho los sabios, sin importar que lo expresen diciendo *aham brahmâsmsi* o "Mi Padre y yo somos uno". Sin embargo, si olvidamos el llamado hacia una expansión interna que nos lleve a Dios, necesariamente reduciremos a Dios al contraernos externamente hacia los seres humanos.

Conclusión

He dado a entender que el universo, el conocimiento y la evidencia correspondiente implican más de lo que se ve en la cosmología física; que existen dimensiones de la existencia y del desarrollo del ser ajenas al tiempo; y que uno puede ser muy espiritual ya sea que tenga o no un Dios personal. Estos son, prácticamente, hechos que saltan a la vista. Mis observaciones no tienen nada que ver con el hecho de ser Oriental u Occidental. Claro que nuestros antecedentes culturales nos condicionan. Pero cuanto más profundiza uno en sí mismo, más descubre lo humano que tiene en común con otros, y la dimensión común que tiene con todo lo que existe, sin perder por eso su cualidad única. En esta necesaria comprensión de nuestra unidad y de nuestra cualidad única, tal vez cada uno de nosotros tenga que recorrer caminos que por lo común no recorre, en territorios en los que normalmente no habita, y que experimente modalidades de ser que habitualmente no le pertenecen.

En cada ser humano, e incluso más en cada cultura, existen modalidades y niveles distintos de ser, y los correspondientes niveles de pensamiento y sentimiento. Algunos factores de contingencia o históricos pueden abrumar o señalar cierta modalidad en cualquier periodo. El tremendo impacto de la ciencia y la tecnología en Occidente en los dos últimos siglos, ha hecho que algunas modalidades de ser parezcan no ser occidentales. Sin embargo ahora estamos en una situación especialmente emocionante de cercanía global que exige una visión más amplia de nosotros mismos. Ahora se requiere cierto tipo de insensibilidad para permanecer culturalmente aislados, negándonos a llegar a ser herederos de la gran sabiduría de la humanidad: la sabiduría de Platón al igual que la del Buda, la de Einstein al igual que la de Patañjali, la de Spinoza al igual que la de Confucio.

Cuando en los siglos XI y XII, el Occidente Latino descubrió las obras de Aristóteles gracias a los filósofos árabes, se creo en el mundo occidental una revolución conceptual. Esa revolución continuó a lo largo de varios siglos, tocando todos los aspectos del pensamiento y la cultura. Durante cierto tiempo parecía que la síntesis más importante lograda por Tomás de Aquino, entre Aristóteles y el pensamiento cristiano, era la culminación de esta revolución. Pero no, siguió adelante e incluyó a la importante revolución científica de los siglos XVI y XVII que finalmente llegó a su fin con Newton. Desde finales del siglo XIX, hemos estado en medio de otro importantísimo encuentro de diferentes culturas y diferentes corrientes de pensamiento entre el Occidente y el Oriente. Además, a partir de la Segunda Guerra Mundial hay un aspecto importante de la situación contemporánea: por primera vez en la historia, grandes culturas se yuxtaponen como vecinas, sin tener la posición de vencedores o vencidos. ¿Quién sabe dónde terminará la revolución cultural que resulte de esto?

Sin embargo, algo es seguro: Una consecuencia de esta revolución tiene que ser el reconocer, además de la ciencia experimental de la naturaleza, que ha sido un logro específico de Occidente en tiempos modernos, una ciencia del espíritu, basada en la experiencia y libre de teologías sectarias. Esta ciencia del espíritu no es lo mismo que una extensión de nuestra ciencia presente para que incluya fenómenos ocultos y percepciones extrasensoriales. Además, no debemos dejarnos seducir por los paralelos superficiales entre ciertas expresiones y paradojas de la ciencia contemporánea y del antiguo pensamiento oriental. Es cierto que aquí y allá están empezando a aparecer, en la larga columna de nombres occidentales que conforman las listas de honor de la ciencia, nombres como Chandrasekhara Venkata Raman, Tsung Dao Lee, Hideki Yukawa, Vaduz Salam y Chen Ning Yang. En su tiempo, Kepler estaba convencido de que el Sol era el Padre; la circunferencia del sistema solar el Hijo; y el espacio entre ellos el Espíritu Santo. Un científico posterior, educado con símbolos y metáforas diferentes, podría ver en las figuras que aparecen en las nubes, la danza de Shiva, o emocionarse al encontrar en el carácter complementario de los fenómenos cuánticos, al yin y al yang juntos en un círculo, o al descubrir que, en el inefable Tao, se resuelven las diversas paradojas de la física contemporánea. Estos paralelos o interpretaciones son tan verdaderos o falsos como siempre lo han sido. No agregan nada a la ciencia verdadera ni a la espiritualidad verdadera.

Existe en los seres humanos una profunda necesidad de buscar una integración de todas sus facultades, y una unidad entre su conocimiento y su sensibilidad. Estamos fragmentados y estamos ávidos de plenitud. Esta avidez, sin embargo, no puede satisfacerse mediante meras conclusiones y argumentos mentales sobre los paralelos entre la física y el Budismo, o sobre la existencia y la naturaleza del diseño del cosmos. Lo que necesitamos es una actitud radicalmente transformada en el sentido más profundo, que nos permita recibir la verdadera sabiduría e inteligencia de niveles superiores a nosotros mismos, y usar nuestra ciencia y tecnología con compasión y amor. Sin esta actitud, no podemos reconciliar a Blake y a Newton, y a sus herederos. Y continuará el lamento:

> ¡Oh Espíritu Divino sostenme en tus alas!
> Para poder despertar a Albión de su largo y frío
> reposo.
> Para Bacon y Newton, cubiertos de acero
> sombrío, sus terrores cuelgan
> como látigos de hierro sobre Albión. Los
> razonamientos, como grandes Serpientes
> se enroscan en mis miembros, lastimando mis
> frágiles articulaciones.

En pesadas coronas que se doblan sobre cada
nación; veo Obras crueles
de muchas Ruedas, rueda sin rueda, con ruedas
dentadas tiranas
moviéndose unas a otras por compulsión, no
como las del Edén; las cuales,
rueda dentro de Rueda, giran en libertad, armonía
y paz.

William Blake, *Jerusalén)*

La tensión entre las dos principales corrientes que contribuyen a la mentalidad Occidental, la hebrea y la griega, con sus respectivos énfasis en las perspectivas cosmológica y teológica, es muy antigua. En una ocasión, Whitehead señaló que esta tensión pudo haber sido la fuente principal de dinamismo creativo en la cultura Occidental durante siglos. Sin embargo, ahora existe una separación casi total entre estas dos perspectivas. Los científicos están profundamente comprometidos con la perspectiva cosmológica, y excluyen a la persona.

Por otra parte, ni la teología ni la filosofía han sido ciencias de experiencia por muchos siglos. Si fuéramos a tomar en serio la experiencia correspondiente, como la de los grandes místicos y los maestros espirituales, algo se aclararía de inmediato: el nivel consciente o la inteligencia, y por lo tanto Dios, no tienen mucho significado si no los acompañan los atributos de la acción, el amor y el deleite. Estos no son tanto atributos del espíritu, que se añadieron desde el exterior y sin los cuales el espíritu no podría existir, sino que son los medios por los que reconocemos la presencia del espíritu, del nivel consciente o de la inteligencia.

¡Por tanto, Dios no es sólo omnisciente, sino omnipotente, omni-amoroso y omni-diletante! Esto es precisamente lo que hace que el espíritu sea omni-delicioso, de modo que los seres humanos sienten una constante atracción a él y están enamorados de él. En ocasiones, escriben poemas de éxtasis para el espíritu, como lo hizo Alexander Scriabin, un compositor y poeta ruso de principios del siglo XX, en su "Poema de Éxtasis":

El Espíritu está jugando,
el Espíritu está anhelando,
el Espíritu, creando todo con fantasía,
se entrega a la beatitud del amor.
Entre las flores de Su creación, se deleita en un
beso.
Cegado por su belleza, se apresura, retoza, danza,
gira.
todo él es embeleso, todo en su juego es dicha
es libre y divino en esta lucha de amor
en la maravillosa grandeza de simplemente estar
a la deriva,
y en la unión de aspiraciones opuestas
sólo en la conciencia, sólo en el amor,
el espíritu aprende la naturaleza de su ser divino.

Por tanto, el diseño y la inteligencia que están en él, detrás de él y sobre él se transforman en una danza. Algunos danzantes van y vienen, se unen a la danza, o se detienen a observarla; pero la danza sigue eternamente, en el principio tanto como ahora, en el amor y en el deleite. En momentos de plenitud, de sentimiento profundo y de conciencia clara, cada danzante es único y al mismo tiempo es uno con el cosmos, sabiendo que en el principio está la Danza del Amor.

Capítulo nueve

El universo le pertenece al danzante: Libertad y esclavitud de la ley natural

El reto de ser humano

Habemos aproximadamente seis billones de habitantes en la superficie de este planeta. Más de seis billones de seres humanos, como usted y como yo, cada uno con aspiraciones y arrepentimientos, temores y ambiciones, recuerdos y esperanzas. Todos tenemos, en ocasiones, grandes momentos filosóficos, en medio de periodos mucho más largos de incertidumbre, duda y repetición habitual. Y cada uno de nosotros ocupa un lugar en la gigantesca marcha fúnebre, que cada día se acerca a la escalinata de salida. Para dentro de un año, cien millones de seres humanos habrán muerto: Cien millones de destellos de conciencia se extinguirán, algunos apenas si tendrán brillo, otros resplandecerán gloriosos, pero cada uno llegará a un final definitivo y discernible.

Sin embargo, la vida y la conciencia continuarán afirmándose, y nacerán cien millones o más centros de conciencia, con recuerdos frescos y nuevas esperanzas. El ciclo de la vida, que incluye tanto el nacer como el morir, ha continuado a lo largo de cientos de miles de años, creando una asombrosa variedad de seres humanos, cada uno totalmente único y al mismo tiempo, a cada uno se le puede reemplazar en la gigantesca Danza de la Vida. Los Danzantes van y vienen, pero la danza continúa. Cada nuevo golpe del tambor le presenta al tiempo nuevos rostros, a medida que los antiguos desaparecen de su vista. No es sorprendente que en los mitos de tantas culturas antiguas se hable de la Tierra como de la Gran Diosa que tiene un vientre muy fecundo y una mandíbula muy destructiva, y que produce y devora al mismo tiempo.

¿Qué significa esta Gran Danza de la Vida? Quizá esa sea una pregunta demasiado extensa para plantearla en este momento. Así que preguntemos: ¿Qué lugar tenemos los seres humanos en esta Danza? En primer lugar, en forma colectiva como humanidad, ¿cuál es nuestro papel en la economía cósmica? Los biólogos, ante todo los biólogos marinos, tienen ideas muy claras sobre el papel y la función a gran escala de casi todos los animales dentro de la cadena ecológica. Nos pueden decir, por ejemplo, que el kelp es necesario para el crecimiento de las langostas, que los erizos de mar también son necesarios en esta cadena, excepto cuando llegan a ser demasiado abundantes, y así sucesivamente. Cada criatura tiene su lugar y su función para que todo el ecosistema pueda florecer. Por tanto, podríamos preguntarnos con toda razón: ¿Qué función tiene la humanidad? ¿Con qué contribuimos al armonioso funcionamiento del sistema de la Tierra? Nosotros dependemos de la Tierra, ¿pero nos necesita la Tierra? ¿Nos necesita el Sol? Esta no es una pregunta nueva; desde que la humanidad existe, los seres humanos al darse cuenta de la extensión del universo, han percibido su pequeñez y han planteado preguntas sobre el lugar que ocupan. Un ejemplo familiar es el Salmo 8, que ya se citó antes:

> Al ver tu cielo, hechura de tus dedos,
> la luna y las estrellas, que fijaste tú.
> ¿Qué es el hombre para que de él te acuerdes,
> el hijo de Adán para que de él cuides?

Quizás nuestra manera de expresarnos en nuestro tiempo sea un poco distinta, como lo es nuestro conocimiento del sistema solar y del lugar que ocupa la Tierra, tan lejos de su centro. Sabemos que vivimos en un planeta bastante mediocre que gira alrededor de una estrella de tercera categoría en una galaxia promedio. Pero también nos preguntamos cuál es nuestro lugar en un universo de tal magnitud. Hay extensiones inmensamente vastas de tiempo y espacio, y la humanidad existe como una excrecencia limitada a una profundidad de unos cuantos metros, en la superficie de la Tierra. ¿Qué es la humanidad en medio de esta inmensidad? Nadie puede dejar de apreciar la vastedad, lo complicado y la delicadeza de la estructura total del universo. Las características físicas y químicas, no sólo del medio ambiente de la Tierra, sino del cosmos como un todo, parecen haberse afinado con arte y precisión, y la humanidad está ahí, con un equilibrio precario en un estado de extrema fragilidad. Por consiguiente, uno no puede menos que hacer suyo el sentimiento cósmico de temor reverente que Einstein (*Ideas y Opiniones*) describió como un sentimiento de "asombro extasiado ante la armonía de la ley natural, que revela una inteligencia tan superior que, comparada con ella, todo el pensamiento sistemático y la actividad de los seres humanos es una reflexión profundamente insignificante".

Nosotros estamos aquí, como consecuencia de esta asombrosa armonía de la ley natural; cada año mueren cien millones de seres humanos y nacen cien millones o más. No estamos aquí contra la ley. Tal vez no conozcamos el mecanismo preciso mediante el cual llegamos a ser, y tal vez no conozcamos la función que tenemos en este vasto universo. Quizás haya suficiente incertidumbre respecto a todo esto, que algunos de nosotros podríamos declarar que estamos aquí por una casualidad aleatoria; de la misma manera en que algunos pensadores, han llegado a concluir que el universo es caótico y absurdo, pues no pudieron encontrarles sentido a los sucesos que ocurrían a su alrededor.

Haciendo una excepción en tal desesperación, es difícil imaginar a un científico que no perciba orden en el universo, una armonía de las diversas fuerzas que permiten una existencia continua, un constante desenvolvimiento del mundo, y una pauta que abarca la regularidad de los fenómenos y la generalidad de las leyes. Cuanto más sabemos de este universo, nos parece más elegante y maravillosamente bien ordenado. La mayoría de los científicos comparte con Einstein su "profunda convicción de la racionalidad del universo", y su sensación de que en realidad, ningún científico auténtico podría trabajar sin "una profunda fe en la posibilidad de que los reglamentos que son válidos para el mundo de la existencia sean racionales, comprensibles para la razón" (*De mis últimos años*).

El propio Einstein llamaba a esto "un sentimiento religioso cósmico" que él consideraba "el motivo más fuerte y más noble para la investigación científica" (*Ideas y opiniones*). Aunque otros científicos no se sientan cómodos con el calificativo "religioso", de ninguna manera son ajenos al sentimiento descrito por Einstein. Lo que se está debatiendo, en esencia, es la legitimidad fundamental de la naturaleza. Esto no es algo que pueda comprobarse mediante investigación científica; es un requisito filosófico y psicológico para la investigación.

Claro que en cada etapa de desarrollo del pensamiento científico, el alcance preciso de aplicabilidad de cualquier conjunto dado de leyes naturales puede ser objeto de una revolución radical, como ocurrió, por ejemplo, cuando se estableció la mecánica cuántica, debido a la cual las leyes resultaron ser estadísticas aplicables a conjuntos de partículas y no a partículas individuales. Pero nosotros no abandonamos la idea de que hay leyes de la naturaleza. Esa idea es necesaria para que podamos pensar con coherencia sobre la naturaleza y comunicar nuestros pensamientos a otros.

Regresando a nuestra pregunta inicial sobre el lugar que los seres humanos tenemos en la legítima Danza de la Naturaleza, pero haciéndola ahora a nivel individual: ¿Cuál es mi lugar? ¿Por qué estoy aquí? ¿Qué soy? Tal vez la humanidad en general tiene cierta función en la ecología de la Tierra, ¿pero qué decir acerca de mí a nivel personal? ¿Soy totalmente reemplazable en un grupo de seres humanos, en lo que al vasto cosmos se refiere? ¿Qué significado tiene mi existencia individual? ¿Qué significan mis esperanzas y mis aspiraciones personales?

Cualquiera de nosotros podría decir lo que dijo hace varios miles de años un poeta del Rig Veda (1.164.37): "Yo no sé lo que soy. Camino errante como solitario, con la carga de mi mente". Esta carga de la mente, este caminar errante y solitario haciéndose preguntas, esta pasión por saber lo que es uno y cómo se relaciona con el cosmos, es característicamente humano. Aunque habite dentro de un animal mortal, como todos lo hacemos, cada uno de nosotros está condenado a plantear preguntas y a buscar la conciencia de sí mismo.

La preocupación por estas preguntas eternas es lo que da a los grandes documentos espirituales de la humanidad su calidad permanente. Pero no sólo contienen preguntas: Señalan otro nivel de conciencia, otra modalidad de existencia, hacia la que podemos aspirar, y donde nuestras preguntas sobre nuestro significado individual y colectivo pueden calmarse y encontrar alguna solución.

El himno del Rig Veda continúa: "Cuando el Primogénito de la Verdad viene a mí, yo recibo una participación en esa misma Palabra". ¿Cómo me preparo para recibir al Primogénito de la Verdad, que en los demás textos del Rig Veda se dice que es el Amor? ¿Cómo contemplo esta Palabra que existe desde el Principio, y de la cual participo? Algunos lectores reconocerán ecos del primer capítulo del Evangelio según San Juan. Utilizando una metáfora de ese evangelio, uno podría preguntar: siendo como somos, Corderos de la Naturaleza, ¿cómo podemos llegar a ser también Corderos de Dios?

La transformación como un imperativo humano

Al hacer preguntas sobre cómo podemos ser o llegar a ser, estamos preguntando sobre la posibilidad de transformarnos pasando de un nivel de ser a otro. Somos criaturas no terminadas, y el mundo, como nosotros, está incompleto, no está terminado. Sin importar lo equilibrado y ecológicamente sólido que sea el universo sin la interferencia humana, al parecer nuestra más profunda necesidad interna nos impulsa, posiblemente lo hace para cumplir con un requisito del cosmos, no sólo para comprender el cosmos, sino también para transformarlo. No podemos ser humanos a menos que intervengamos en el orden natural, tanto en nuestro interior como en nuestro exterior. Los seres humanos son criaturas que deben intervenir; no pueden dejarse a sí mismas, ni dejar al cosmos en el estado en que los encontraron.

Cuando digo "transformación", no me refiero a "cambio". Todos los cambios producidos por la intervención humana no necesariamente llevan a una transformación, ya sea de los seres humanos o del cosmos. Todo en el universo está sufriendo cambios constantemente; así es como medimos el tiempo. El cambio es una verdad y una ley de la naturaleza; es natural. La transformación, por otra parte, es un cambio intencional; no es natural. Todas las obras de arte son ejemplos de transformación. Para hacer que exista una escultura a partir del material de una piedra, se necesita la intervención intencional de un ser humano. Constantemente somos llamados a transformarnos, a transformar a la Tierra y a todo el universo en obras de arte.

Para transformar a un ser humano en lo que los alquimistas llamaban la Gran Obra, se requiere mucho arte. Vivir y morir como un cordero de la naturaleza es natural. Pero vivir y morir como un cordero de Dios no es natural; requiere de enseñanza, de un camino espiritual, de esfuerzo y de gracia. El transformarse de un tipo de cordero al otro requiere de cambio intencional; se logra a través del arte, la destreza correspondiente y mucho trabajo. En el idioma sánscrito, una persona ordinaria, que es como nace y muere, recibe el nombre de *prakrita*, que significa natural, vulgar, común, no definido. Pero quienes son capaces de intervenir en su cosmos interno y tienen una educación adecuada, pueden transformarse en *samskrita*: bien hecho, refinado. No están totalmente bajo el control de sus inclinaciones naturales; la ley natural no los determina ni los ata totalmente.

Cada uno de nosotros es un artista de su propia vida; empezando con la materia prima del yo, esculpimos algo que corresponde a nuestras aspiraciones, a nuestra comprensión, al nivel de nuestro compromiso, nuestra habilidad y nuestra sensibilidad. Queremos llegar a alinearnos cada vez más con lo que es correcto; incluso nuestra cortesía más superficial indica un deseo de un orden correcto en nuestro interior y en nuestro exterior; y entre nosotros, el trepador social con más dedicación, expresa un deseo por alcanzar un ser más grande y más libre. Lo que hagamos de nosotros mismos no sólo depende de nuestras propias capacidades y de nuestro trabajo, sino también de las diversas fuerzas que nos ayudan o nos obstaculizan. Pero debemos trabajar en la tarea de nuestra transformación; esto es un factor imperativo de nuestra existencia humana.

Dos naturalezas

Necesitamos ser cuidadosos y evitar los escollos que podamos anticipar. La primera dificultad está en el uso de las palabras "naturaleza" y "natural". Al decir que la transformación no es natural, no quiero implicar que es artificial en el sentido peyorativo de la palabra. Más bien quiero decir que requiere de arte y de trabajo y que no se llevará a cabo de manera automática por sí misma. Otra forma de decir esto es que los seres humanos tienen un propósito para su existencia; son necesarios en el cosmos. Un ser humano cumple con este propósito cuando se dedica al trabajo de su transformación interna y externa.

Podríamos hacer una distinción entre "propósito" y "función", así como la hicimos entre "transformación" y "cambio", es decir, por la necesidad de una intervención intencional. Sin importar cual sea nuestra función en el esquema de la naturaleza (quizás sólo es producir cierta cantidad de bióxido de carbono para los árboles, añadir humus al suelo o producir alimento para los gusanos), en todo caso se llevará a cabo de manera automática respondiendo a las fuerzas naturales, como en la función del kelp en relación con las langostas. Al nacer, respirar, procrear y morir, cumplimos nuestra función natural, sin importar cual sea. Los cien millones de seres humanos que morirán este año cumplen con esta función natural.

Sin embargo, para la realización de nuestro propósito se necesita una participación activa de nuestra parte, cierto grado de elección e intención. Esto es lo que da significado e importancia a nuestras vidas. Nuestra función podría cumplirse a nivel colectivo y a nivel individual, por una u otra persona, pero el logro de nuestro propósito requiere el compromiso único de cada uno de nosotros. Tal vez no sepamos cual es nuestro propósito en la vida; o incluso cuando percibimos cual es, podríamos no cumplirlo; o podríamos rehusarnos a involucrarnos en él.

Quizás no totalmente. De hecho, parece que algunos seres humanos, y los que tienen más sensibilidad y son más creativos pertenecen a este grupo, no son capaces de rehusarse a involucrarse totalmente en el complejo del propósito, el significado, la importancia y la transformación. Están condenados a hacerlo y no pueden negarlo sin negar su propia humanidad. Tienen un demonio interno, como lo tenía Sócrates, que los impulsa; o los impulsa la Musa, o los persigue Dios, como en el caso de prácticamente todos los profetas en las tradiciones del Judaísmo, el Cristianismo y el Islam. Al menos en estos casos, parece más acertado decir que lo que los impulsa a luchar contra otros aspectos de sí mismos para hacer lo que deben hacer, es una parte de su naturaleza que responde a lo que ellos reconocen como sus impulsos superiores.

De hecho, en muchas tradiciones antiguas suele decirse que los seres humanos tiene dos naturalezas, que a menudo se clasifican como "naturaleza superior" y "naturaleza inferior", las cuales con frecuencia están en conflicto; una se ocupa del propósito y la otra de la función, y posiblemente estén simbolizadas en las dimensiones vertical y horizontal de la cruz. Para hacer más clara la distinción entre estas dos naturalezas, deberíamos recordar que en ocasiones sus tendencias se conocen como "espirituales" y "naturales".

Todas estas clasificaciones implican dificultades, en especial cuando no se les relaciona con datos tomados de la experiencia, como generalmente ocurre en la filosofía y en la teología. Lo que necesitamos es una ciencia de nivel superior, una ciencia de naturaleza superior o del espíritu, una ciencia que abarque todo el ámbito de los propósitos, el significado y las transformaciones del ser y las leyes correspondientes. Esta ciencia superior sería una ciencia en la que la experiencia real tendría un lugar importante en cuanto a confirmar o refutar teorías, afirmaciones y demandas. Esta ciencia superior abordaría a los seres humanos, no sólo como son ordinariamente, sino como podrían ser.

En la actualidad, no tenemos un nombre que se acepte comúnmente para una ciencia de este tipo. Podríamos usar la palabra "numenología" (la ciencia de la presencia espiritual) o "autología" (la ciencia del Yo) para transmitir cierta idea del tipo de estudio de que se trata. Nombres más antiguos, como "teología" (la ciencia de lo divino) y "ontología" (la ciencia del ser), aunque en sí mismos son totalmente apropiados, no nos serían útiles en la actualidad, pues se los han apropiado empresas sectarias y exclusivamente mentalistas, sin referencia alguna a la experiencia objetiva.

A pesar de las dificultades relacionadas con usar el término "naturaleza superior" para referirse al aspecto espiritual de un ser humano, tiene una gran ventaja. Estamos acostumbrados a la idea de que en la naturaleza existen leyes, de que existe una causa, de que hay una posibilidad de estudio e investigación. Y este estudio necesita tomar en cuenta leyes de orden superior, necesita hacer lugar para la intención y el propósito humanos; no obstante, es un estudio empírico y no algo que se acepte sin una investigación que se base en la experiencia y se relacione con la experiencia objetiva.

La "experiencia objetiva" no es exclusiva ni necesariamente externa. Es por eso que esta ciencia superior tiene que ser, en sus suposiciones, procedimientos y metas, fundamentalmente distinta a las demás ciencias que en los últimos tres siglos han intentado seguir el modelo de la física. En la actualidad, la experiencia interior no es parte de los datos científicos, especialmente en la física, un tema que desde el siglo XVI se ha ocupado de la comprensión del cosmos como materia muerta en movimiento que reacciona a fuerzas externas carentes de propósito.

La objetividad de las ciencias naturales sólo se puede relacionar con aquellos aspectos que pueden proyectarse al exterior. En ellas se dejaron fuera todos los aspectos internos, al igual que las intenciones, los propósitos y los significados, es decir, todos los aspectos que fácilmente llegan a la mente cuando se habla de la naturaleza superior de los seres humanos.

El conocimiento científico usual es objetivo en muchos sentidos, pero no lo es en el sentido místico y espiritual, en el que el yo que observa se ha dejado tan vacío que el objeto se revela tal como es; el objeto en sí, en toda su luminosidad y particularidad. Como los sabios de todas las culturas han dicho, sólo en este estado de conciencia, vacío del yo, se conoce un objeto tanto es su unidad como en su cualidad única. Entonces, una entidad: un árbol, una persona, una cultura o Dios, se entienden tanto en su interioridad esencial como en su plenitud, lo que incluye lo general y lo específico. Este es el estado que se describe como "vehículo de la verdad" *(ritambhara)* en el *Yoga Sûtras* de Patañjali, el texto clásico del yoga.

En otra metáfora cultural, la persona que pueda vaciarse tan completamente de sí misma que pueda decir: "Las palabras que os digo, no las digo por mi cuenta; el Padre que permanece en mí es el que realiza las obras" (Juan 14.10), puede hablar con autoridad tanto de la cualidad única del Padre como de su unidad con Él (Ravindra, *Cristo el yogui*). Para él no existe contradicción entre estas dos afirmaciones, que son objetivamente verdaderas: "El Padre y yo somos uno" (Juan 10.30) y "El Padre es mayor que yo" (Juan 14.18).

El hecho de que haya en nosotros dos naturalezas se basa en la experiencia y no puede negarse. Es desafortunado que algunos sistemas de pensamiento no tengan un lugar para estas dos naturalezas. No deberíamos negar una ni la otra, ni suponer que son la misma o que una se puede reducir a la otra (Ravindra, *Murmullos de la otra orilla*). Las dos naturalezas nacen de diferentes padres: cada uno de nosotros nace de sus padres humanos, pero es posible, según todas las tradiciones espirituales, aunque sus metáforas y detalles en sí, sean muy diferentes de una a otra, que una persona vuelva a nacer de una paternidad espiritual, "...no nacido de sangre ni de deseo de carne, ni de deseo de hombre, sino que nació de Dios" (Juan 1.13). Este nacimiento de un ser interior es un nacimiento virginal pues es un nacimiento espiritual en el que no hay relación carnal.

Ya sea que hablemos de dos naturalezas o de dos seres en nosotros, uno espiritual y otro físico, y el físico incluye lo mental y lo emocional, no podemos escapar del hecho de que estos dos seres siguen leyes diferentes, la ley del espíritu y la ley de la carne. Hay enseñanzas, por ejemplo en el Budismo Tibetano, según las cuales el nacimiento interior se describe diciendo que cuerpos más sutiles surgen del cuerpo más burdo mediante la transformación alquímica de sustancias. San Pablo también tiene fragmentos de esta doctrina. Lo que debe enfatizarse aquí es que, así como hay niveles de desarrollo físico y mental en la naturaleza inferior, de manera similar hay niveles de desarrollo en la naturaleza espiritual; y que existen leyes diferentes, que permiten diferentes grados de libertad y se aplican a diferentes niveles.

Espíritu, alma y cuerpo

Existe un dicho popular *(hadith)* que se atribuye al Profeta del Islam. Al regresar de una batalla, el Profeta Mahoma dijo a sus discípulos: "Hemos regresado de la guerra santa pequeña a la guerra santa grande". Cuando sus discípulos le pidieron que clarificara esta afirmación, él dijo: "La guerra santa pequeña es contra los infieles, pero la grande es contra nuestra propia alma".

En el mundo Cristiano de nuestra época, se considera que el "alma" es tan buena y espiritual que la idea de librar una guerra contra ella podría parecer como luchar del lado del demonio. Pero en muchas tradiciones antiguas, y ciertamente en el Cristianismo primitivo, en la filosofía griega y en el pensamiento hindú, se considera que un ser humano que se ha desarrollado y ha madurado tiene tres partes distintas: el espíritu, el alma y el cuerpo, o utilizando la terminología que usa san Pablo en el Nuevo Testamento: *pneuma*, *psique* y *soma* (Armstrong y Ravindra, "Dimensiones del Yo"). En esta división, el *pneuma* (espíritu) es suprapersonal y se manifiesta en la persona o a través de ella en otras formas, mientras que la *psique* (alma) pertenece a la persona. Por tanto, tiene sentido hablar de "mi alma", pero no de "mi espíritu". Por otra parte, podemos hablar de "el espíritu" o de "el espíritu que está en mí".

Regresando a la frase del Profeta Mahoma, la guerra contra el alma, en el contexto en que se menciona, es una guerra contra nuestra propia naturaleza inferior. De manera similar, Jesucristo dice en varias ocasiones (por ejemplo, en Lucas 14.26) que el que no aborrece a su propia psique, es decir, a su alma, no puede ser discípulo de Cristo. Aquí "alma", como en el pensamiento hindú, corresponde al reino inferior. Sin embargo, dentro de este reino inferior (al que también se le llama reino del "mundo" o de la "carne"), están las posibilidades de una nueva vida, un nacimiento para entrar al mundo superior del espíritu.

En la división en tres partes de un ser humano, que es filosóficamente más clara y más satisfactoria que una división en dos partes, la lucha entre las naturalezas espiritual y carnal se libra en la psique humana. En el juego de fuerzas que se desarrolla dentro de su alma, el ser humano puede ponerse por completo de un lado o de otro, llegando a ser por completo un animal o un ángel, o puede conservar ambos en un equilibrio adecuado y ser en verdad humano. Una persona con un orden apropiado no niega al cuerpo ni a la mente, pero ellos no la controlan. Para una persona alineada correctamente, el cuerpo y la mente son como un caballo que va a cabalgar el espíritu; necesita disciplina al igual que amistad, pero ciertamente no debe ser tratado con crueldad. Utilizando una analogía clásica: El espíritu es el que tiene visión, pero es cojo; el cuerpo y la mente son ciegos, pero pueden llevar cosas y moverse. Juntos pueden constituir una persona plena e integrada; con visión para ver lo que necesita hacerse y con la capacidad de llevar a cabo las acciones correspondientes.

Diferentes leyes para diferentes niveles

En el nivel en que vivimos la mayoría, prácticamente todo nuestro comportamiento y todo lo demás relacionado con nosotros se determina por leyes ordinarias. En niveles más altos de desarrollo espiritual, que requieren de una intervención intencional y que de ninguna manera se realizan de manera automática al nivel de la naturaleza, uno desarrolla cada vez más aquellos aspectos del ser que están libres de las leyes inferiores y que están sujetos a leyes superiores. Bien sea que sigamos la metáfora esencialista que se usa en la mayoría de las religiones, y digamos que podemos descubrir nuestro Yo espiritual más profundo o descubrir a Dios que está presente en nuestro interior, o que sigamos la metáfora existencialista en la que la persona debe crear este aspecto espiritual, lo importante es que se requiere de los humanos cierta acción con propósito, con intención. Hablando a la manera de las religiones, aunque vemos que esto no se puede lograr sin Dios, también vemos que no se logrará sin la acción humana.

Sin embargo, no todo en un ser humano desarrollado llega a estar libre de las leyes usuales del nacimiento, el cambio y el deterioro. El cuerpo físico sigue obedeciendo las leyes de su propio nivel; pero uno descubre o crea, y progresivamente vive a partir de un aspecto más sutil de uno mismo que está, en sí, relativamente libre de las leyes a las que está sujeto el cuerpo.

Sólo en el nivel más alto posible del desarrollo interno de una persona, se podría decir que la parte más alta (Dios, el Absoluto, Brahmán) está por encima de todas las leyes, y es por consiguiente, total y absolutamente libre. Pero esto es como un límite teórico, donde nuestros conceptos mentales se dividen, como cuando se divide un número entre cero, y necesitamos ser muy cuidadosos al extrapolar desde este tipo de límite hacia algo práctico. Aunque tal vez sea cierto decir que en algunos casos, por ejemplo en el caso de Jesucristo cuando es uno con Dios, la ley ha terminado en lo que a ellos concierne, eso no significa que no existan leyes en el ámbito del espíritu.

Los ámbitos espiritual y natural pueden distinguirse mediante diferentes tipos de leyes, pero no están separados por el hecho de que en uno de ellos exista una abundancia de leyes y en el otro estén ausentes. De hecho, tal vez exista una mayor continuidad práctica entre estos ámbitos de lo que permite la teología teórica, que ha tenido consecuencias desastrosas en los lugares donde ha prevalecido. Por una parte, ha separado al espíritu del centro corporal de los seres humanos en los ritmos naturales de la vida; y por otra, ha fomentado la oposición entre la ciencia natural y la vida espiritual. Lo que ha sufrido más es la vida espiritual pues ha perdido contacto con el cuerpo y con los principios espirituales de la investigación empírica.

El hecho de que hasta este momento, al hablar de las dos naturalezas, la espiritual y la carnal, nuestra atención se haya limitado a los seres humanos, no debe cegarnos a la posibilidad de que estos dos ámbitos existan también en el cosmos, con leyes diferentes en las cuales hay muchos grados, y que toda la creación participa tanto en la materialidad como en la espiritualidad. Todas las criaturas y constelaciones, sin importar lo toscas y sólidamente materiales que puedan ser, tienen la posibilidad de ser conscientes, aunque sólo sea a un nivel rudimentario. Además, en el mundo antiguo y medieval existía una idea casi universal de que un ser humano desarrollado es un microcosmos que refleja internamente los principios esenciales del gran cosmos, y viceversa.

La presencia y acción de sutiles energías y seres espirituales, que reciben diversos nombres, como: ángeles, devas, dioses, hadas y espíritus, se confirma a nivel global. El hecho de que no podamos detectarlos con nuestros conceptos e instrumentos científicos ordinarios, no significa que no existan, como se observa en el capítulo 8. El universo físico del cosmólogo, a pesar de lo vasto y maravilloso que es, no es lo único que existe. Las realidades espirituales no pueden verse con ojos ordinarios ni con sus extensiones al mismo nivel; para percibirlas se necesita un nuevo ser y una visión transformada. Cómo dijo Plótino (*Enneads*): "A cualquier visión se debe llevar un ojo adaptado a lo que ha de verse, y que tenga cierto parecido con ello. Ningún ojo vio jamás al sol, a menos que antes haya llegado a ser similar al sol, y el alma jamás podrá tener una visión de la Belleza Primordial a menos que ella sea bella".

En una ciencia de naturaleza superior, una mente cuya atención sea continua y un corazón que se haya purificado de apetitos egoístas, podrían ser el máximo instrumento científico. Lo que puede percibir una persona que tiene un cuerpo disciplinado, una mente equilibrada y un corazón limpio, en otras palabras, un universo del tercer ojo, es muy diferente a lo que se puede ver con dos ojos ordinarios y sus extensiones cuantitativas. No necesitamos más aparatos para ver con los mismos ojos; lo que en realidad nos afectará será ver, incluso las mismas cosas, con ojos diferentes.

La nueva física y la libertad humana

Hay algo especialmente triste en el ansia con la que muchas personas supuestamente religiosas se han relacionado con uno u otro descubrimiento o teoría de la física moderna para justificar su fe o para encontrar un espacio para sus posturas religiosas. Antes del siglo XVI en Europa, cada actividad debía justificarse a la luz de la teología Cristiana; de la misma manera en que durante el siglo XX en la URSS, todo debía justificarse a la luz del materialismo dialéctico. Desde hace más o menos dos siglos, en el mundo Occidental, y cada vez más también en el resto del mundo, la verdadera ortodoxia intelectual es la ortodoxia de la ciencia. Si alguien quiere vender o anunciar algo, es mejor contar con la aprobación de la ciencia para comprobar su valor, sin importar que se trate de un tipo especial de pasta de dientes o de meditación trascendental. ¡Cualquier gurú se siente un poco más seguro si un científico, especialmente un físico con un Premio Nobel, está sentado con él en el estrado! Ahora incluso Dios debe ser aceptable desde el punto de vista científico. Nuestra actitud moderna se refleja mejor en esta versión del versículo del Salmo 8 que se citó en el capítulo 8:

> Cuando considero los cielos, obra de nuestras ecuaciones,
> los agujeros negros y las enanas blancas, que hemos ordenado,
> ¿qué es Dios para que nos acordemos de él?

¿Qué esperamos que la ciencia haga por nosotros? ¿Qué esperamos de ella? ¿Sabiduría? ¿Libertad? ¿Salvación? ¿Pueden los descubrimientos o creaciones de la ciencia producir una transformación de nuestro ser interno, que es el único lugar donde se encuentran la verdadera libertad y la verdadera esclavitud? ¿Puede alguna teoría o alguna autoridad externa hacer esto por nosotros? A ese respecto, incluso en el ámbito de las escrituras, cuya total preocupación es la salvación o la iluminación, ¿qué se logra con su conocimiento? ¿Se han salvado los teólogos, los que han estudiado todas las influencias que dieron forma a las escrituras? ¿Se han iluminado los físicos, los que pueden resolver los acertijos más recientes de la magneto-geometrodinámica? ¿Qué es lo que necesitamos? Ciertamente debe reflejar un tipo peculiar de incertidumbre psicológica para que requiera el apoyo de los descubrimientos más recientes de la mecánica cuántica, o que ellos confirmen que existe el libre albedrío. ¿Tuvo Buda que esperar a que se comprobara el teorema de Bell, la teoría de la relatividad o la holografía? ¿La persona que ganará el Premio Nobel de física el año próximo está más unificada o es más plena que Kepler o Pitágoras?

Si estamos totalmente fuera de contacto con nuestro propio centro, no podemos tener orientación interna; entonces el sentido de nosotros mismos necesita del apoyo de las teorías cambiantes de la ciencia o la teología. Este tipo de soporte externo puede sustituir a la disciplina de una verdadera búsqueda interna y obstaculizar el verdadero centrarse en uno mismo. Cuanto más dependamos de fabricaciones mentales en lugar de vernos directamente a nosotros mismos, más lejos estaremos de nuestro propio centro esencial interno, o del *hara* donde ocurre el satori del Zen, o del seno del que habla Jesucristo y del cual brotan ríos de agua viva (Juan 7.38). Einstein tenía razón cuando dijo: "La moda presente de aplicar los axiomas de las ciencias físicas a la vida humana no sólo es un completo error, sino que hay algo reprensible en ella" (Planck, *¿A dónde va la ciencia?*).

Schroedinger fue incluso más claro: "La física no tiene nada que ver con la religión. La física tiene su punto de partida en la experiencia diaria, que ella continúa con medios más sutiles. Permanece afín a ella, no la trasciende en lo genérico, no puede entrar a otro ámbito". (Schroedinger, *La ciencia, la teoría y el hombre*). Clasifica dichos intentos como algo "siniestro". "Se afirma con gran destreza que el territorio del cual se invita a los logros científicos de antaño a retirarse es un campo de juego de cierta ideología religiosa que no los puede usar con provecho, pues el verdadero dominio de la religión está más allá del alcance de las explicaciones científicas" (Schroedinger, *La naturaleza y los griegos*).

Además, no deberíamos dejarnos seducir por los paralelos superficiales entre ciertas expresiones y paradojas de la ciencia contemporánea y el pensamiento Oriental antiguo. Son totalmente distintos entre sí, en sus procedimientos, intenciones, metas y consecuencias, por el simple hecho de que tratan con dos tipos distintos de naturalezas (véase el capítulo 3: "La percepción en el yoga y en la física", en este libro). Además, estos paralelos, en general, son impulsados por personas que tienen antecedentes en las tradiciones judía y cristiana, pero simpatizan muy poco con los principios y expresiones de la espiritualidad Occidental, que consideran algo fundamentalmente distinto a la espiritualidad Oriental.

Cualquier verdadera ciencia del espíritu debe basarse en las percepciones y la comprensión de seres humanos transformados, de tal manera que puedan comprender niveles de realidad que son genérica y cualitativamente distintos a los que hoy en día se estudian en las ciencias de la naturaleza. Estas ciencias sagradas han existido por siglos como yoga, zen, alquimia, y ciertos aspectos del sufismo y de la cristiandad monástica, pero con frecuencia han caído en manos sectarias y codiciosas. Un consecuencia de esto ha sido que las mentes brillantes y los corazones sensibles de la edad moderna se han alejado de ellas. A medida que esta ciencia del espíritu se libere del dominio exclusivamente sectario, racionalista y oscurantista, se le apreciará cada vez más por su verdadero valor en cuanto a hacer posible que la gente descubra y logre sus propósitos únicos.

El mayor descubrimiento de la ciencia moderna es el descubrimiento de sus propias limitaciones, y un aprecio creciente del hecho de que lo que sabemos no sólo depende de lo que está ahí, sino también de quiénes somos y cómo vemos. Nuestro conocimiento no puede separarse por completo de la naturaleza de nuestro ser y de la calidad de nuestra atención. Existen muchos niveles de conocimiento que corresponden a muchos niveles de ser, que hay en nuestro interior, desde el de estar totalmente determinado al de una máxima libertad.

No todos los niveles de conocimiento se incluyen actualmente bajo la rúbrica de la ciencia, pero eso no es importante. Lo más importante es que haya una investigación práctica sobre la transformación de los seres humanos, que pasan de ser esclavos del miedo y la ambición a llegar a ser libres. La ciencia natural puede ser de ayuda en esta investigación, pero también puede ser un obstáculo para ella, dependiendo de la relación que tengamos con la ciencia. Pero, sin importar lo que descubra la ciencia, sin importar qué condiciones sociales o políticas prevalezcan, el individuo no puede darse a la tarea de cultivar la libertad interior en el escenario de su propia alma. Ahí, la persona debe luchar con las partes de ella que se aterrorizan ante la posibilidad de una transformación genuina y que cambiarían la verdadera libertad por la importancia personal.

La ley natural como fundamento de la libertad

Todas las tradiciones antiguas creían en la legalidad del universo y en la correspondiente esclavitud que la naturaleza y sus leyes imponen a los seres humanos. Desde un punto de vista filosófico y espiritual, no hay nada nuevo en el llamado problema del determinismo contra el libre albedrío; no había surgido desde la exitosa aplicación de la mecánica de Newton al sistema solar; ni se ha proyectado sobre ella una luz radicalmente nueva desde el desarrollo de la mecánica cuántica. El hecho de que una causa determine un efecto, es una noción integral en el concepto de la ley. Si existe la legalidad, existe la determinación.

Pero también, y esto debe enfatizarse, precisamente porque existe la legalidad, existe la posibilidad de libertad. Una ley también indica el pago que se requiere por quedar libre de esa ley. Los viajes espaciales habrían sido imposibles si no se hubiera comprendido la ley de la gravedad que nos mantiene atados a la Tierra. Para viajar en el espacio, debemos conocer con precisión qué velocidad de escape se necesita en una situación en particular, y debemos tener el combustible y la tecnología que se requieren para alcanzar dicha velocidad. Imaginar que podemos alcanzar la inmortalidad, la salvación o la libertad por nosotros mismos sin realizar el pago requerido por la ley, que de manera natural y bastante legal nos mantiene esclavizados, es simplemente una noción romántica. Por supuesto, en cualquier parte del mundo es posible encontrar una religión que venda indulgencias baratas, ya sean físicas o doctrinales, a compradores ingenuos y que trate de asegurar a los crédulos que han sido elegidos especialmente para recibir la gracia en este momento y la gloria en el porvenir.

Regresando a un ejemplo tomado de la ley natural, podemos ver la ley de la causalidad, que se aplica a toda la naturaleza, ya sea interna o externa, y que en muchas culturas se ha enunciado de una u otra manera a lo largo de milenios. En la India se expresa como la ley del karma. Si limitamos nuestra atención sólo en los seres humanos, podemos expresar la ley del karma como sigue: Uno actúa tal como uno es; uno llegará a ser algo, de acuerdo a la manera en que ha actuado. Es como el sistema interactivo de espacio-tiempo y materia en la teoría de la Relatividad General: la materia afecta al espacio-tiempo, y el espacio-tiempo afecta a la materia. En la ley del karma, el ser afecta al actuar y el actuar afecta al ser.

Si yo soy cierto tipo de persona, sería natural que hiciera cierto tipo de acciones. A su vez, estas acciones que llevo a cabo dejan marcas de tendencias en mi ser, alterándolo, de tal manera que llego a ser cierto tipo de persona. En la siguiente oportunidad, actuaré de acuerdo a estas tendencias de mi ser; por tanto, mi acción futura (karma) se determina por mis acciones del pasado. Las acciones importantes dejan impresiones profundas en la psique, creando en ella nódulos que afectan las acciones futuras durante mucho tiempo sin que uno necesariamente esté consciente de los nódulos o de sus causas iniciales.

Como principio general, los efectos del karma no se limitan sólo a una vida; la ley cruza la frontera de lo que comúnmente se conoce como la vida y la muerte. Debe señalarse, entre paréntesis, que aquí acción no sólo significa actividad corporal, sino que también incluye pensamientos, sentimientos e intenciones. Si tengo pensamientos negativos respecto a alguien, no sólo reflejan la calidad de mi ser, sino que además la afectan.

Este es un ejemplo de una ley tradicional de la naturaleza que dos terceras partes de la humanidad, que en la actualidad viven en Asia, entienden de esta manera, y en todo caso, así la entiende la vasta población de los países donde se practica el Hinduismo y el Budismo. Esta es la ley del determinismo; pero también es una ley que hace posible la libertad y proporciona la base de una práctica espiritual. Si se comprende parcialmente, desde el punto de vista de un solo nivel del ser humano, la ley del karma crea un círculo vicioso del que no es posible escapar, y a menudo se ha comprendido de esta manera, lo que lleva a la desesperación y a la resignación.

Sin embargo, cuando se ve desde la perspectiva de una persona plena, la ley del karma puede indicar con precisión, a quienes están dispuestos a someterse a la disciplina que se requiere para purificar las percepciones, cuáles son en su vida, los nódulos que los impulsan a actuar como lo hacen, incluso contra la voluntad y el entendimiento de su mente cuerda, y también les indica cómo resolver y superar esos nódulos.

Y lo que es más importante, una persona puede depender de la ley del karma e iniciar una lucha espiritual con la seguridad del conocimiento de que el universo o los dioses no actúan en forma caprichosa y de que nadie será elevado o degradado por accidente. Cada uno de nosotros es responsable de su vida; incluso del resultado final de la salvación y la perdición, y la dignidad de nuestra existencia y actividad humanas se funda en la solidez de una ley que opera en todo el cosmos.

Para corresponder a nuestros propios impulsos espirituales profundos, cada uno de nosotros tiene la posibilidad de esforzarse para superar las compulsiones de la actividad legal y natural de nuestras propias tendencias, que se basan en nuestras experiencias, conocimientos e impresiones del pasado. Este es el significado de la lucha espiritual, una lucha contra nuestra propia naturaleza determinada, en la que los aspectos espirituales del cosmos ayudan a los aspectos espirituales de la humanidad, de la misma manera en que las partes naturales del universo que carecen de intención ayudan a la existencia natural y carente de intención de los seres humanos.

No libertad para uno mismo, sino libertad de uno mismo

Como se ha señalado, la intervención intencional es lo que transforma al ser humano, de modo que no sólo realice una función natural en el cosmos, sino que también tenga la posibilidad de cumplir con su propósito espiritual. Lo que hace posible este trabajo intencional es la atención. Esa es la razón de que en todas las enseñanzas espirituales (el *Yoga Sûtras*, el Philokalia o la práctica del Zen), la atención, en sus diversas cualidades y niveles, constituya el instrumento primordial de la transformación.

La atención, liberada de los miedos y las ambiciones egoístas que constantemente la ponen en las dimensiones del tiempo pasadas y futuras, quitándola del momento presente que es la única realidad donde la dimensión de eternidad cruza la del tiempo, es la esencia de la oración y la meditación serias. Ellas a su vez, son formas de conectarse con las partes de uno mismo y del universo que son más altas y con las leyes más altas correspondientes, en lugar de que una oración sea una petición para que se suspendan las leyes en casos especiales.

El espíritu se descubre o se crea con la atención fundada en una claridad progresiva de la mente y el corazón. Desde el nivel más burdo de ser hasta el más sutil, todos los niveles se reflejan en la calidad de la atención y en los niveles correspondientes de libertad. Las criaturas que están más atadas son las más adormecidas, pues sólo tienen atención instintiva. En el nivel más alto, el de la atención más libre o la visión más pura, está lo que constituye el estar despierto y el espíritu.

La existencia básica del yo espiritual se relaciona con la atención, la sensibilidad, la conciencia, la intención y la perspicacia: las mismas cualidades que nos hacen verdaderamente humanos y verdaderamente libres. Pero no son cualidades que se adquieren de forma automática en la naturaleza; todas ellas requieren de esfuerzo, educación, trabajo y en general, de un camino espiritual que implica una enorme lucha contra las fuerzas del mundo que hay en nuestro interior y cuyo combustible es el miedo, la ambición y el egocentrismo.

Por tanto, la libertad no es una realidad para la gran mayoría de los seres humanos, que no tienen la inclinación ni la capacidad para luchar contra su propia naturaleza inferior. Sin embargo, esto sigue siendo un potencial para todos aquellos que se han cultivado de manera apropiada. De hecho, lo que determina a los seres humanos ordinarios es su condicionamiento cultural, social y psicológico, y la voluntad del yo surge de la reacción de la persona a ese condicionamiento. Quienes viven por completo a partir de la voluntad del yo, son determinados por sus acciones y reacciones pasadas, y rebotan por el corredor del tiempo sin ser nunca capaces de involucrarse en acciones nuevas en el momento presente del ahora eterno, que es el único lugar donde existe una libertad verdadera. Como leemos en la *Teología germánica* (capítulo 35): "Nada arde en el infierno excepto la voluntad del yo". Y qué es el infierno sino una prisión creada por un ego totalmente determinado por fuerzas externas.

Los seres humanos libres, por otra parte, de ninguna manera hacen "lo suyo". Se dan cuenta de que la libertad no se opone a la ley y el orden, lo que sólo sería anarquía y caos, no sólo a pesar de la ley, sino a causa de la ley. La libertad se basa en la ley; quienes no respetan la ley natural, tanto interna como externamente, no pueden ser libres. La libertad es posible sólo cuando una persona vive un orden correcto en su interior, de modo que las partes inferiores y menos conscientes puedan escuchar y obedecer a las partes más conscientes. Lo cierto es que en el contexto espiritual puede decirse que la libertad perfecta brota sólo de una obediencia perfecta, una total sumisión de la voluntad del yo al orden inherente en la vastedad del Tao.

El pago final que la ley de la libertad exige es el sacrificio del yo egoísta, de todas las partes que están atadas y repiten inconscientemente acciones compulsivas determinadas por el pasado, lo cual da importancia a la persona y le da la impresión de tener un propósito ajeno al resto del cosmos. Aquellos que pueden pagar el precio del sacrificio del yo, pueden ser libres. Eso fue lo que ocurrió con Jesucristo, que se vació por completo y murió a la voluntad de su yo, para poder llenarse con el ser y la voluntad de Dios y poder decir la víspera de su muerte que ahora su gozo era completo.

Según el *Yoga Sûtras*, los sabios llegan a la libertad final cuando su perspicacia está de acuerdo con el orden cósmico, de modo que su conflicto y su pesadumbre terminan. Estas personas no son libres *para sí mismas*, sino que se han liberado *de sí mismas*, de esa parte del yo que voluntariamente se aparta de las leyes, propósitos e intenciones de la vastedad. Al estar libres de la carga del yo, de los arrepentimientos del pasado y de las ansiedades sobre el futuro, estas personas pueden estar presentes aquí y ahora, y pueden danzar. Un danzante es más libre cuando está en una armonía natural con el tiempo y el ritmo de la danza. Por tanto, el danzante pertenece al universo y el universo pertenece al danzante, apoyándose mutuamente para cumplir cada uno su propósito.

Capítulo diez

La ciencia como un camino espiritual

Para nosotros los modernos, la ciencia es un paradigma de conocimiento. ¿Qué me dice este conocimiento sobre mí mismo? ¿Sobre mi lugar en el cosmos? ¿Sobre mi razón de ser? ¿Sobre la dirección que debe tener mi conocimiento o el sentido que deben tener mis acciones?

La ciencia no sólo lleva a una cosmología física, sino también a una cosmología psicológica y existencial, y quizás la presupone. ¿Cómo se relaciona el conocimiento científico con el aspecto espiritual de la vida humana? ¿Es totalmente tangencial? Si lo es, ¿por qué molestarse con la ciencia? ¿Con respecto a qué tiene significado la ciencia?

¿Tiene la ciencia algún significado espiritual? Parece lógico dirigir esta pregunta ante todo a los científicos, y entre ellos al más importante. ¿Qué los motiva en sus investigaciones? Albert Einstein, en un discurso que dio en honor a Max Planck, dijo:

En el templo de la ciencia hay muchas mansiones, y quienes las habitan son ciertamente distintos entre sí, como lo son los motivos que los llevaron a ellas. Muchos se dedican a la ciencia debido a un jubiloso sentido de tener un poder intelectual superior; la ciencia es su propio deporte especial, en el que buscan experiencias vívidas y la satisfacción de sus ambiciones; encontramos en el templo a muchos otros que han ofrecido los productos de su cerebro en este altar por propósitos puramente utilitarios. Si un ángel del Señor viniera a expulsar del templo a quienes pertenecen a estas dos categorías, el templo se vería muy vacío, pero quedarían dentro de él algunos hombres, tanto del presente como del pasado... Si la clase tipo de personas que acabamos de expulsar fuera la única que existiera, el templo jamás habría existido, de la misma manera en que no sería posible tener madera formada sólo por enredaderas. Echemos ahora otra mirada a quienes favoreció el ángel. ¿Qué los trajo al templo? Esta es una pregunta difícil, y ninguna respuesta individual la respondería cabalmente. Para empezar, creo que uno de los motivos más poderosos que lleva a los hombres al arte y a la ciencia es escapar de la vida cotidiana con su dolorosa crudeza y su incurable monotonía, escapar de los grilletes de sus deseos siempre cambiantes. Una naturaleza finamente templada anhela escapar de la vida personal a un mundo de percepción y pensamiento objetivos; este deseo

> puede compararse con el irresistible anhelo del citadino por escapar de su entorno ruidoso y restringido al silencio de las altas montañas, donde la mirada se extiende libremente a través del aire tranquilo y puro y traza con ternura los sosegados contornos que al parecer se construyeron para la eternidad. (*Ensayos sobre la ciencia*)

En estas frases sobre Planck, Einstein, por supuesto, también revela sus propios motivos para dedicarse a la ciencia: un anhelo de libertad de una vida meramente personal y una búsqueda de un mundo de percepción y pensamiento objetivos. Cerca del final de su vida, mientras escribía una breve autobiografía (que es extraordinaria en su escasez de material personal), dijo:

> Aunque fui un joven bastante precoz, la nulidad de las esperanzas y las luchas que persiguen sin cesar a la mayoría de los hombres a lo largo de su vida entraron a mi conciencia con una vitalidad considerable... Por la mera existencia de su estómago, todos están condenados a participar en esa persecución. Además, gracias a esa persecución era posible satisfacer al estómago, pero no al hombre, pues él es un ser que piensa y que siente. Como primer camino de salida está la religión, que se implanta en todo niño mediante la máquina de la educación tradicional. Por tanto, llegué a tener... una profunda

> religiosidad, que sin embargo, llegó a un abrupto fin cuando cumplí doce años....
>
> Me queda muy claro que el paraíso religioso de mis primeros años, que se perdió en esa forma, fue un primer intento por liberarme de las cadenas de lo "meramente personal", de una existencia dominada por deseos, esperanzas y sentimientos primitivos. Allá afuera estaba este inmenso mundo, que existe independiente de los seres humanos y que se nos presenta como un enorme acertijo eterno, y está accesible, al menos parcialmente, a nuestra inspección y pensamiento. La contemplación de este mundo me llamaba como una liberación, y pronto me di cuenta de que muchos hombres que había yo aprendido a estimar y admirar, habían encontrado la libertad y la seguridad internas al ocuparse de ella con dedicación. Captar mentalmente este mundo extra-personal (*ausserpersonlichen*) dentro del marco de las posibilidades dadas, se deslizó frente a los ojos de mi mente, de manera medio consciente y medio inconsciente, como el objetivo más sublime. ("Notas autobiográficas")

Es sorprendente notar cómo palabras como "eternidad" y "liberación" entran en los comentarios de Einstein con toda naturalidad. Lo que dice sobre algunas de las características de un científico serio puede decirse con toda verdad sobre un aspirante serio al camino espiritual. El esfuerzo por liberarse de las cadenas de lo meramente personal con el fin de estar disponible para el mundo de la percepción y el pensamiento objetivos, es clave para ambos. Por tanto, para Einstein comprometerse con la ciencia fue un asunto de vocación espiritual, una respuesta a un llamado interno, una forma de liberarse del egocentrismo.

Einstein veía la ciencia a gran escala. Para él, debía dedicarse no sólo a la naturaleza del mundo físico, sino también al futuro de la humanidad, con existencia y con realidad. No sólo era una ocupación cotidiana, sino una manera de alcanzar aspiraciones trascendentes, un camino por el cual él buscaba comprender "los secretos del Antiguo". En un "Discurso en la Universidad Columbia", señaló:

> Por supuesto, existe un acuerdo universal de que la ciencia debe establecer lazos entre los hechos de la experiencia, de tal manera que podamos predecir sucesos futuros a partir de los que ya se han experimentado. De hecho, según la opinión de muchos positivistas, el logro más completo posible de esta tarea es la única finalidad de la ciencia.
>
> Sin embargo, yo no creo que un ideal tan elemental pudiera hacer mucho para encender la pasión de un investigador, gracias a la cual han surgido logros verdaderamente grandes. Detrás de los incansables esfuerzos de un investigador está latente un impulso misterioso y mucho más fuerte: lo que uno quiere entender es la existencia y la realidad. (*Ensayos sobre la ciencia.*)

Dijo lo siguiente sobre Planck: "El estado mental que hace posible que el hombre realice este tipo de trabajo, es similar al del hombre religioso o al del amante; el trabajo cotidiano no brota de una intención o un programa deliberado, sino directamente del corazón". (*Ensayos sobre la ciencia* 5.) En otra ocasión dijo: "Lo cierto es que una convicción, similar a un sentimiento religioso, de la racionalidad o lo inteligible del mundo, está detrás de todo trabajo científico de primer orden". (*Ensayos sobre la ciencia.*) Es obvio que Einstein no está usando la frase "sentimiento religioso" en un sentido eclesiástico; se refiere a un sentimiento de temor reverente, misterio, sutileza y vastedad: un sentimiento que en otro contexto recibiría el nombre de "sentimiento religioso cósmico".

Es verdad que un gran científico y un gran aspirante espiritual buscan percepciones objetivas en sus esfuerzos por comprender la existencia y la realidad, y que a ambos los guía algo similar a una fe religiosa ante la posibilidad de tal comprensión, ¿entonces, qué es lo que los distingue y los sitúa en caminos que al parecer son divergentes? Tengo la impresión de que la distinción fundamental está en la dirección en que miran al perseguir sus metas; los medios de investigación que utilizan, naturalmente varían.

Los aspirantes espirituales tradicionales, como quienes siguen el camino del Yoga, del Zen, o de la Oración del Corazón, buscan la verdad en su interior, mientras que los científicos la buscan en el exterior. Los métodos y procedimientos para comprender la naturaleza interna del ser humano son, por supuesto, diferentes a los métodos apropiados para estudiar la naturaleza exterior. Aquí "naturaleza" se refiere a todo lo que existe, conocido o desconocido, sin distinción entre lo que es "natural" y lo que es "sobrenatural"; en el sentido en que Spinoza, Goethe y Einstein entendieron esta palabra.

Aquí no podemos abordar los diferentes procedimientos que son relevantes a estas dos direcciones para acercarse a la naturaleza. No obstante, parece provechoso señalar que en ambos casos existe un sutil intercambio entre la teoría y la observación. Ambos enfoques son intelectuales y al mismo tiempo empíricos; en un caso, la confirmación de una idea se busca en experimentos externos, mientras que en el otro, esta confirmación se busca en la experiencia interna. En ambos casos, tenemos metáforas de la verdad: ya sea como teorías y explicaciones científicas, o como símbolos y escrituras religiosas.

En el enfoque externo a la ciencia, es probable que sólo reciban atención aquellos aspectos de la realidad que se prestan a mediciones cuantitativas precisas. El área general de las emociones, y lo que es más importante, los sentimientos más sublimes y que más abarcan, como el amor, la compasión o un sentido de propósito, pueden llegar a ser objeto de escrutinio científico, pero deben excluirse estrictamente como instrumentos de tal escrutinio. Tal vez haya aspectos de la realidad que sólo son perceptibles para la inteligencia de la facultad de los sentimientos, que mide la calidad y el valor, más que la cantidad; pero la ciencia por definición excluye esta facultad como instrumento de su método. Sin esta autolimitación, la ciencia nunca podría haber llegado a sus propios logros específicos.

La tragedia es que el temor reverente que la gente común siente por la ciencia ha llevado a una devaluación de la función del sentimiento como un medio para llegar a algún aspecto de la verdad, y por consiguiente, la cualidad del sentimiento en la cultura ha declinado al nivel de lo infantil o lo brutal. La convicción errónea de que los aspectos limitados de la realidad que son accesibles a la ciencia constituyen una totalidad, ha llegado a integrarse tan profundamente en nosotros, que mantiene su tenaz control incluso sobre la razón en sí, la cual nos propone que para los seres humanos la visión más completa posible de la realidad debe ser la que incluye las percepciones de todas las facultades, y todas las facultades perfeccionadas al máximo nivel posible.

Con instrumentos científicos, como el telescopio o el microscopio, vemos más hechos o nuevos hechos, pero los vemos con nuestros ojos ordinarios. Nuestra visión se extiende pero no se transforma; nuestros órganos de percepción se agrandan pero no se purifican.

En la ciencia, un cambio de visión se presenta mediante una nueva formulación teórica, que a menudo es más general o más simple, la cual proporciona un punto de vista diferente, de manera que los mismos hechos se ven ahora bajo una luz diferente, o se ven hechos nuevos que no habría sido posible vislumbrar antes y a los que, por lo tanto, no se prestaba atención. Las teorías científicas son maneras de canalizar la atención; una nueva teoría es como un nuevo rayo de luz que implica la posibilidad de revelar hechos ocultos. Se llega a esta nueva visión indirectamente, a través del razonamiento.

En la ciencia el "ver" es básicamente interpretación. Esto se vuelve cada vez más evidente en la física contemporánea, donde la mayor parte del trabajo experimental se lleva a cabo mediante instrumentos que ya no involucran simultáneamente al objeto "visto" y a nuestros ojos. Inferimos mucho sobre el objeto en forma indirecta, y confiamos en nuestras inferencias, debido a una constancia lógica en nuestras teorías y a una constancia que se postula en la naturaleza, pero de ninguna manera percibimos el objeto directamente. Por tanto, no sólo la teoría, sino incluso los experimentos y la "observación" tienen a la razón como mediadora.

La realidad, como la revela la ciencia, no se experimenta directamente con sentimientos o sensaciones; se llega a ella mediante conjeturas del pensamiento. Sin embargo, la especulación científica pasa a través de una autocorrección notable y continua, al someter sus inferencias a continuas verificaciones experimentales.

La autocorrección también existe en el ámbito del enfoque interno a la realidad. Aquí, la verificación intersubjetiva es más sutil y más cualitativa, pues no se basa en mediciones cuantitativas ni en estadísticas, sino en reconocer la descripción de una experiencia interna hecha por otra persona que ha pasado a través de las mismas experiencias y los signos externos de un cambio de ser interno. La unanimidad con la cual se evalúen las etapas de desarrollo de un aspirante en las genuinas disciplinas espirituales de todo tiempo y lugar, sugiere que esta verificación intersubjetiva no es menos precisa que la que existe en el ámbito de la ciencia, aunque es de naturaleza distinta.

En un enfoque interno, la teoría se verifica mediante observación personal y experiencia interna. Un cambio de visión se produce mediante la transformación del propio investigador, y por tanto, de los órganos de percepción. La persona es al mismo tiempo el instrumento y el objeto de escrutinio. Al perfeccionar el instrumento, un individuo extiende y profundiza, al mismo tiempo, el campo de observación.

Lo que se necesita para una percepción objetiva es libertad de uno mismo. El aspirante espiritual escapa del yo personal, no ignorándolo, sino atendiéndolo con total honestidad, estableciendo así una conciencia que es independiente del yo y que, a diferencia del medio turbio de la conciencia personal, es capaz de llegar a estar consciente de la presencia del yo no personal, o mejor dicho, tanto del yo supra-personal como del intra-personal. El instrumento, la persona en su totalidad, pasa a través de un proceso de transformación que se produce por el sufrimiento que implica encarar las propias contradicciones internas y la subsecuente subordinación del yo personal al Yo más grande que se descubre en el interior.

Las percepciones implícitas en el conocimiento interno son directas e inmediatas. Aquí la comprensión incluye perspicacia poética e intuitiva al igual que consideraciones empíricas y racionales. Lejos de oponerse a la ciencia y al conocimiento racional, abre dimensiones de la realidad incluso más vastas y ricas, lo que añade significado a la propia ciencia.

A la luz de lo que se acaba de decir, parece extraño que algunas personas sensatas consideren que los caminos interno y externo son opuestos, en lugar de considerar que se apoyan y se complementan. Después de todo, el reino de la naturaleza, con lo que simplemente me refiero a todo lo que existe, incluye lo que está en el interior de los seres humanos al igual que lo que está en su exterior. La preocupación del aspirante espiritual por conocer al yo, tanto al yo ordinario como al Yo no personal de todo lo que existe, y la preocupación del científico por conocer el mundo, podrían ser mitades separadas en una búsqueda primordial y única del conocimiento, expresada en la antigua idea de que un ser humano, como microcosmos, refleja en principio al macrocosmos. ¿Cómo puede un individuo conocerse sin reconocer esta relación con el resto del cosmos? ¿Y qué sentido tendría que alguien conociera todo lo relativo a las estrellas si no conociera directamente algo esencial sobre el yo?

Creo que la causa más importante de la oposición imaginaria entre los dos caminos está en las diferentes facultades que se involucran en el cambio de percepción. En ambos casos, existe una firme convicción de que la realidad no es como aparece ante nuestros sentidos ordinarios. En el enfoque externo de la ciencia, el cambio de visión se produce ante todo mediante la razón, mientras que en el enfoque interno, se produce mediante el sentimiento. Goethe tuvo razón al decir que el misticismo era una dialéctica del sentimiento y que la ciencia, por otra parte, era una dialéctica de la razón. Como señaló Einstein: "En un hombre como yo, el punto crítico del desarrollo está en el hecho de que gradualmente el mayor interés se libera en alto grado de lo momentáneo y lo meramente personal y se vuelve hacia la lucha por lograr una comprensión mental de las cosas" ("Notas autobiográficas").

La sabiduría debe consistir en una reconciliación de las diversas partes de nuestra propia alma. Una integración de lo intelectual y lo místico, o de la ciencia y la religión, como Einstein las entendió (sin que esto tenga un significado ligado a denominaciones o instituciones) es esencial para sanar a toda nuestra cultura. Es importante señalar, sin embargo, que la reconciliación primaria que se necesita no es la de la ciencia y la religión como abstracciones. Lo que se necesita es armonizar las aspiraciones científicas y religiosas en la misma persona. El lugar de la reconciliación es dentro del alma de un ser humano individual. Cuanto más se integre un individuo en las diversas facultades, más sabio será, sin importar cual sea su especialidad, sin importar su llamado personal, y sin importar cuales sean sus capacidades.

Lo que hace de cualquier profesión un camino espiritual es la amplitud de visión con que uno comprenda su propósito y los motivos por los que se dedica a ella. Mientras una ocupación esté motivada ante todo por la ambición, el progreso personal y el engrandecimiento de nuestra persona, por el miedo y la inseguridad, o por la gratificación de placeres o inclinaciones personales, no podrá llegar a ser un camino espiritual. Estar libre de uno mismo es un requisito necesario para captar la realidad tal como es, y no como quisiéramos que fuera.

Sin embargo, no se llega a estar libre de la subjetividad personal recurriendo a una subjetividad colectiva que sigue siendo una extensión de uno mismo en un plano horizontal. La verdadera objetividad al parecer incluye una dimensión por completo diferente. Cuando Cristo dice: "El que me siga debe renunciar a sí mismo", está pidiendo un ascenso por un eje vertical del ser. A este respecto, vale la pena recordar también un comentario de Einstein: "El verdadero valor de un ser humano se determina ante todo por la medida y el sentido en que ha logrado liberarse del yo". (*Ideas y opiniones*).

En lo que a Einstein concierne, podemos decir con confianza que para él la ciencia era un camino espiritual, mientras que en cualquier camino, sea científico, religioso o artístico, la gran mayoría de las personas indudablemente se buscan a sí mismas, en mayor o menor grado. Quizás no puede ser de otra manera. Pero no es posible tener madera que sólo sea de enredaderas:

> ... sólo pueden crear la ciencia aquellos en quienes se ha inculcado profundamente la aspiración hacia

la verdad y la comprensión. Esta fuente de sentimiento, no obstante, brota de la fe en la posibilidad de que las reglas que son válidas para el mundo de la existencia sean racionales, es decir, comprensibles a la razón. No es posible concebir a un verdadero científico sin esa fe profunda. La situación podría expresarse con una imagen: la ciencia sin religión está coja, la religión sin ciencia está ciega. (*Ideas y opiniones.*)

Capítulo once

Una ciencia de transformación interna

¿Existe una necesidad de transformación? ¿Hay algo malo en nosotros tal como somos? ¿Es buena la transformación? ¿Es algo como las tinas calientes que se venden ahora en California, en lo que más nos valdría inscribirnos? Toda la gente "actualizada" está de acuerdo con la transformación, como dicen los jóvenes. La transformación es un talismán moderno para el éxito, ¿o deberíamos decir que es un *mantra*? Por tanto, vale la pena preguntar: ¿Por qué necesitamos una transformación?

Recientemente un joven habló conmigo después de una charla que di sobre las diferencias entra la naturaleza de la percepción en la física y en el yoga. Me dijo con gran emoción que la mecánica cuántica ha comprobado las verdades de las tradiciones espirituales, y me mostró un "Lagrangian" (un tipo de función matemática) que se publicó en un anuncio del *New York Times*, el cual, según él insistía, representaba el estado Máximo de transformación pues este "Lagrangian" era más grande que el de ninguna otra persona. Por lo que dice este joven y muchos otros que he conocido en la actualidad, uno podría deducir que el teorema de Bell y el Tao conspiran juntos para convertir a los físicos en los sumos sacerdotes de la transformación. ¿Deberían los libros de texto de física verse ahora como manuales de transformación espiritual y los profesores de física como roshis y gurús que se transforman y pueden hablar sobre estos asuntos *ex laboratora*?

Todo esto sería un buen augurio para la física. Pero irónicamente, el número de candidatos a estudios de postgrado en física sigue declinando. Quizás esto es comprensible: Como se presume que los físicos ya alcanzaron lo que enseñó el Buda, necesitamos algo más interesante. ¡Claro, agregándole un poco de "complejidad" y "caos" podríamos conseguir una renovación de la licencia relacionada con estos asuntos por un poco más de tiempo! Es triste que tantos jóvenes pongan sus esperanzas de transformación personal y social en la interpretación más reciente de esta o aquella teoría científica y se nieguen a observar ellos mismos directamente y descubrir lo que es necesario transformar y por qué.

Cuando se habla de transformación, por lo general se trata de una transformación del estado consciente. Sin embargo, existe una tendencia a ignorar el íntimo vínculo que hay entre "estado consciente" y "conciencia" (Ravindra, "¿Puede sobrevivir el estado consciente?"). No pueden existir estados conscientes más altos sin una mayor conciencia. En muchos idiomas, como el francés, el español y el sánscrito, sólo existe una palabra para "estado consciente" y "conciencia". Esto debería ser suficiente para indicar el vinculo tan cercano entre ambos.

En las tradiciones bíblicas, que se centran en la fe, el énfasis está en los diversos niveles de conciencia, mientras que en las tradiciones Orientales, que se centran en la percepción interna, el énfasis está en los diversos niveles de estado consciente. El primero se relaciona más de cerca con el sentimiento, y el segundo con el intelecto. Por consiguiente, es más fácil para los científicos y para los intelectuales con orientación científica concentrarse en los niveles y la transformación del estado consciente que en los de la conciencia.

Sin embargo, el hecho de que debe cultivarse la integración y la armonía entre el cuerpo (voluntad), la cabeza (intelecto) y el corazón (sentimientos), es parte integral de toda tradición espiritual. Existe una celebración tanto de amor como del conocimiento en todas las tradiciones. Y es interesante notar que en la mayoría de los informes sobre experiencias cercanas a la muerte, los seres de luz dirigen encomios y expresan tanto amor como conocimiento.

En términos anticuados, al menos en el contexto Cristiano, se decía que lo mejor que pueden hacer los seres humanos es reconocer su naturaleza pecadora y su nada (esto está presente de forma muy intensa en Kierkegaard). Después de este reconocimiento viene todo lo demás en el campo de la transformación. Veo que soy pecador, deseo arrepentirme y por eso trabajo por la salvación. Veo que soy nada, deseo ser, y por lo tanto asumo la disciplina de la transformación.

Para generalizar un poco, cada tradición espiritual ha dicho, de una u otra forma, que los seres humanos no viven como deberían o podrían vivir. La manera en que lo expresa el Cristianismo es que los seres humanos viven en pecado pero pueden salvarse y vivir en gracia. La manera en que los hindúes y los budistas expresan una idea muy similar es que vivimos en un estado de adormecimiento o de ilusión, pero que podemos despertar y vivir en la realidad y no en la fantasía.

Algunos obstáculos generales

Las tradiciones espirituales han propuesto formas, métodos, disciplinas, yogas, *tariqua*, o caminos por los que los seres humanos pueden aprender a vivir con rectitud. Pero las religiones en general requieren demasiado esfuerzo y por esa razón no despiertan el interés de las masas.

En vista de que los caminos difíciles son tan poco atractivos para las masas, las religiones han transformado los asuntos relacionados con la trasformación espiritual o con niveles más altos del estado consciente (y de la conciencia) en artículos de fe o en premios de una lotería celestial. En ocasiones, lo han hecho desde una perspectiva teológica o metafísica especial que explica la relación entre el esfuerzo humano y la gracia divina. Vemos ejemplos muy elocuentes de esto en muchas sectas Cristianas Protestantes. Como creen que ninguna acción humana puede lograr que descienda la gracia de Dios, nada que uno pueda hacer, sea bueno o malo, se considera relevante para la salvación. Por lo tanto, como dijo Martín Lutero, "¡Peca con valentía!" O, de acuerdo con Calvino, deberíamos comportarnos de una manera que muestre que estamos entre los elegidos que ya han sido salvados. Pero, sin importar lo que hagamos, no podemos salvarnos por nuestros esfuerzos.

También se puede llegar a una conclusión similar a partir de una fuente sorprendentemente distinta, como son las enseñanzas de Jiddu Krishnamurti. Lo que sabemos y lo que necesitamos son tan radicalmente diferentes entre sí, están en dimensiones de ser tan completamente distintas, que no hay manera de llegar Allá desde aquí. Por lo tanto, según él, ningún proceso, ninguna enseñanza o maestro, ninguna tradición o método de yoga, es necesario ni tendrá como resultado una transformación. Esta negación del proceso actúa como un obstáculo en el desarrollo de una ciencia de la transformación.

Tanto el Buda como el Cristo tuvieron discípulos; enseñaron para que otros pudieran ser transformados. Es posible comunicar Algo, es posible dar cierta instrucción, es posible ayudar a los aspirantes y es posible practicar formas de transformación. Al menos algo de la sabiduría que la humanidad ha reunido en lo que se relaciona con nuestra vida interior, puede transmitirse mediante enseñanzas apropiadas.

Es cierto que el ingenio o las acciones (karma) del ser humano no pueden llevar a la Libertad No Causada (Nirvana), pero uno puede intentar eliminar los impedimentos que no permiten que descienda la gracia de las Alturas. El *Yoga Sûtras* de Patañjali (4.2-3) lo expresa en forma muy adecuada y con un equilibrio tranquilo: "Cualquier transformación a un estado de ser es el resultado de la plenitud de la Naturaleza que desenvuelve su potencial inherente. Las causas aparentes de la transformación de hecho la producen. Sólo eliminan los obstáculos al crecimiento natural, así como el agricultor limpia el terreno de sus sembradíos".

Otro obstáculo a la transformación del estado consciente y de la conciencia es el exclusivismo sectario. Y esto puede tener un origen muy sutil: un profundo sentimiento de que sólo mi camino es verdadero. Un estado consciente que está convencido de que sólo puede haber una expresión de la Verdad General, o de que sólo puede existir un camino hacia la cumbre de la Montaña, tiene que sabotear con astucia todo intento por ver los evidentes rasgos comunes de una ciencia de transformación interna.

Es importante entender que ningún camino espiritual puede ser verdadero si está esencialmente diseñado por el razonamiento humano en un nivel bajo, como la torre de Babel. Un camino verdadero depende de la Voluntad del Cielo; se origina en las Alturas. No puede haber un camino que vaya desde aquí hasta Allá, a menos que se haya construido desde Allá hasta aquí. En este respecto, más que en ningún otro, es verdad lo que dice el Evangelio: "Nadie puede arrogarse nada si no se le ha dado del cielo (Juan 3.27).

A pesar de los diversos obstáculos al desarrollo de una ciencia de la transformación interna, esa ciencia existe y es muy antigua. Es necesario que en la cultura planetaria que está surgiendo, esa ciencia no sea sectaria.

La necesidad de transformación

La necesidad de transformación surge cuando uno ve, como se comprueba en todas las disciplinas espirituales a través de su lenguaje específico y sus metáforas, que cada uno de nosotros vive en un nivel más o menos completo de encarcelamiento en las ocupaciones que nosotros mismos nos imponemos. Todas estas disciplinas hablan también de un nivel de libertad y atención total al cual pueden aspirar los seres humanos, y por el que han estado dispuestos a someterse a grandes privaciones. Los mejores seres humanos siempre han aspirado a un vínculo con una verdad que trascienda sus requisitos egoístas. Ven la necesidad de una transformación, pues ven su propia fragmentación y falta de unidad interna, coherencia y orden.

No hacemos lo que deseamos hacer. San Pablo expresa la condición general humana en su carta a los romanos 2.15,19: "Realmente mi proceder no lo comprendo; pues no hago lo que quiero, sino que hago lo que aborrezco... puesto que no hago el bien que quiero, sino que obro el mal que no quiero". De manera similar, en el *Bhagavad Gita* (3.36) Arjuna hace esta pregunta por el bien de todos los que buscan: "Krishna, ¿qué es lo que hace que una persona cometa el mal contra su propia voluntad, como si lo impulsara la fuerza?" En diversas culturas y en diversos siglos, la gente seria ha visto la falta de unidad interna en su vida; ha sufrido el estado de fragmentación.

El estado de fragmentación o de ceguera espiritual es muy natural; y como dice Krishna, es la tendencia inherente de la naturaleza que nos hace convertirnos en máquinas. El verdadero obstáculo a la transformación surge si decimos que vemos cuando en realidad no vemos. Todos los grandes maestros han expresado el concepto de que tenemos ojos pero no vemos, tenemos oídos pero no escuchamos. La coherencia, el orden y la unidad interna no pertenecen a los seres humanos ordinarios; son características de la persona transformada. El sólo desear ser compasivo como el Buda, no es suficiente. Puedo leer a Dante y tener la esperanza de estar en un lugar donde "mi voluntad y mi deseo sean uno con el Amor, el Amor que mueve al sol y a las otras estrellas" (*Divina comedia*, canto 33.145). La negación y el miedo siempre se han opuesto al deseo y a la esperanza. Lo que se necesita es estar libre de todo ese nivel de ser. Para eso hay que pagar un precio: el sacrificio de aferrarse a lo que uno es.

La ciencia y la transformación interna

El requisito fundamental de esa ciencia es que la persona se observe con imparcialidad, es decir, con objetividad.

Esto no es fácil, pues debido al miedo y a la importancia personal, uno constantemente hace fantasías respecto a su propia naturaleza. Aunque el miedo y la importancia personal se manifiestan de acuerdo a las particularidades de cada individuo, gradualmente, uno reconoce que estas son características de un nivel del estado consciente y no deben tomarse como algo personal.

Si persistimos en cuestionarnos a nosotros mismos, iremos descubriendo cada vez con más claridad que cada uno de nosotros expresa la condición humana en lo más profundo de su ser. En nuestros niveles profundos, vemos que la primera persona del singular es en realidad la Primera Persona Universal. Esta visión progresivamente objetiva es cada vez más *interna* y menos *subjetiva*. Es importante señalar esto, pues hemos adquirido una costumbre, que ante todo es una contribución de las ciencias naturales, que se basa en que lo *objetivo* debe ser *externo* y en que lo *interno* debe ser *subjetivo*. De la manera en que las estamos usando, las palabras objetivo y subjetivo se refieren a distintos niveles de percepción, no al lugar donde está lo que se percibe.

Debido a que tomamos todo como algo personal, de inmediato culpamos, reconocemos o presentamos excusas a nuestro favor. La justificación propia y la racionalización hacen que cada uno de nosotros piense así: "yo soy el centro del universo y las galaxias giran de tal manera que yo siempre esté en lo correcto. El mundo de fantasía que yo creo siempre puede reacomodarse para ponerme en la cumbre y probar que estoy en lo correcto". Quizá somos seres *racionales* por naturaleza, o quizás no, como afirmó Aristóteles, ¡pero ciertamente somos seres que *racionalizan*!

Sólo cuando dejemos de usar excusas y dejemos de culpar a la sociedad, a nuestra época, a nuestra cultura o a nuestros padres, es decir a "otros", podremos vernos con seriedad e imparcialidad. Nuestra naturaleza refleja un nivel del estado consciente y no es nada personal. Aunque cada uno de nosotros expresa este nivel mediante su propia manifestación particular, nos impulsan fuerzas y leyes que operan en el nivel donde estamos. Estamos suspendidos en un gran juego de fuerzas, pero podemos tomarlo todo a un nivel demasiado personal. Como dijo Shakespeare, la imaginación del joven se centra en pensamientos de amor durante la primavera. Pero cada joven considera estar situado en un lugar único en relación con la primavera que vibra en su corazón.

El dragón contra el que lucha San Jorge tiene su propio rostro. Pero incluso en esto no hay nada personal. Lo que obstaculiza el orden interno es el apego al desorden. Este apego al desorden es un apego a lo conocido, sin importar lo malo que sea. Debido a nuestro miedo de perder la seguridad y por el hecho de estar ocupados en los placeres, la ambición y la avaricia, nos aferramos a lo que conocemos. El Buda también luchó con esto en sus encuentros con Mara, el Tentador, y Cristo también luchó contra ello en sus tentaciones en el desierto. En nuestro nivel, esto no tiene dimensiones de tal magnitud. Los demonios con quienes debemos luchar corresponden a nuestro propio nivel de ser; son bastante pequeños, al igual que nosotros. Se requieren demonios más grandes para luchar contra almas más grandes (Ravindra, *Cristo el yogui*, 81-3).

La mayor parte del tiempo estamos ocupados con nosotros mismos. La mayor manifestación de esto es la fantasía, el miedo, la ansiedad y la preocupación. Nos preocupamos. De hecho, la sentencia de Descartes: "pienso, luego existo" es mucho menos universal que "me preocupo, luego existo".

El miedo, el estar ocupados con nosotros mismos y la preocupación, son indicadores de la tiranía del tiempo sobre nuestro estado consciente. Muestran que vivimos en el pasado o en el futuro y que estamos huyendo del presente.

Existe una profunda contradicción en nuestro corazón. Lo que más tememos es lo que más deseamos. Deseamos la transformación, pero la tememos. Deseamos ser transformados sin cambiar, sin perder nada. Por tanto, la transformación se convierte en tener logros, en añadir algo a lo que ya hemos logrado, mientras que en niveles profundos seguimos siendo la misma persona centrada en sí misma, convencida de que sus propósitos y su mejoramiento están separados de los propósitos y el mejoramiento del resto del cosmos.

Según el *Yoga Sûtras*, aferrarnos a este yo aislado (en sánscrito, *asmitâ*, "yo soy esto" o "yo soy aquello"), en lugar de participar de la plenitud de ser que se expresa como SOY, es el primer resultado de la ignorancia. Es la raíz de la importancia personal y del miedo. Es exactamente de lo que necesitamos ser liberados. Cada vez estamos más conscientes de que la libertad no es *para* uno mismo, sino *de* uno mismo. Como dicen los textos hindúes de la antigüedad, cualquiera que sea alguien no puede llegar a la "puerta del Sol".

Todas las tradiciones hablan de una dificultad importante para la transformación. Recordemos una vez más la lucha del Buda y la de Jesucristo. Reflejan la necesidad de morir a nuestros propios temores y ambiciones, morir a lo que somos, morir al mundo, y morir para uno mismo, para nacer del espíritu en una nueva modalidad de ser.

Para volver a nacer, necesitamos participar en el gran flujo de energías que existe a nuestro alrededor, en lugar de ser sólo una represa aislada y por lo tanto, estancada. Con este fin, las diversas disciplinas espirituales enfatizan la postura correcta (no a nivel físico sino emocional), la respiración correcta (recordemos la relación entre "aliento" y espíritu, presente en tantos idiomas de la antigüedad), y las buenas obras.

El observarse a uno mismo, que se mencionó antes, es por naturaleza transformante y produce un conocimiento personal cada vez más profundo. Existe una relación muy íntima entre conocer y ser. La palabra "realizar" transmite estos dos aspectos, y se puede decir que el conocimiento de uno mismo lleva gradualmente a la realización de uno mismo. Esta realización, que en algunos contextos es lo que se entiende como alma o espíritu, ocurre sólo como resultado de un conocimiento imparcial de uno mismo y de la transformación de la energía que por lo general está encerrada en nuestro yo ordinario.

Este punto de vista evita la oposición poco fructífera de las tendencias fundamentales del existencialismo y las ciencias naturales, por una parte, y de las perspectivas esencialistas de la religión y la metafísica por la otra. Para empezar, uno podría tener o no tener un alma inmortal, pero puede, mediante una búsqueda sistemática y rigurosa de una ciencia de la transformación interna, llegar a tener un Yo que participe en el nivel de la eternidad. Así es como se nace del Espíritu, en el Espíritu o con el Espíritu.

Es también la manera en que uno hace nacer al Espíritu, a la Palabra o al Cristo. Muchos santos y místicos han hablado de los requisitos para impregnarse del Espíritu y así dar a luz al Cristo. Ángelus Silecius dijo: "Cristo podría nacer mil veces en Galilea. Pero todo sería en vano si no naciera en mí".

Uno no puede decir: "Yo lo hice". Todo se hace, no por uno sino a través de uno. Uno hace lo que debe hacerse, no por su propia gloria, ni según su propia voluntad, sino por "la Voluntad de Quien me envió". Como Arjuna, uno libra la batalla por el *dharma* y por conservar el orden en el mundo según los propósitos de Krishna. El Buda también dijo: "Mira a tu interior; ¡tú eres el Buda!" Y como Cristo, podríamos decir: "El Padre y yo somos uno" (Juan 10.30).

Capítulo doce

La ciencia y el misterio del silencio

> Al ver tu cielo, hechura de tus dedos,
> la luna y las estrellas, que fijaste tú,
> ¿qué es el hombre para que de él te acuerdes,
> el hijo de Adán para que de él te cuides?
>
> Salmo 8

A lo largo de la historia humana, en cada época y cultura, siempre que los seres humanos se han quedado asombrados ante la grandeza del cosmos y su funcionamiento, se han preguntado qué lugar tienen en él. ¿Qué significado puede tener nuestra vida, con todas sus limitaciones y su pequeñez, en medio de las enormes fuerzas que operan en el universo? ¿Es importante nuestra Tierra cuando continuamente surgen y se disuelven galaxias? ¿Los "setenta años" de nuestra existencia, o los "cien años" que se mencionan en los Vedas, significan algo en el contexto de los billones de años de expansión y contracción cósmica? ¿Qué propósito tiene nuestra vida cuando cada año muere un promedio de cien mil seres humanos? Morimos y somos reemplazados por otros, como ustedes y como yo, con nuestras ambiciones, miedos y esperanzas. ¿Por qué? ¿Para qué?

Cada ser humano se pregunta a veces sobre el universo en que vivimos, sobre su magnitud, sobre la variedad de manifestaciones que hay en él, sobre las interminables transformaciones de sustancias y energías, y las intrincadas leyes que lo regulan todo. ¡El hecho de que exista el universo es una maravilla! Y el hecho de que funcione y siga existiendo es una maravilla aún mayor.

Cada uno de nosotros es de cierta manera un científico. Quizás no llevemos a cabo investigaciones sobre el cosmos y las fuerzas y leyes que lo gobiernan rigurosamente o de manera sistemática. Pero difícilmente podríamos no estar interesados en el lugar donde existimos, donde el Espíritu se manifiesta, donde se realizan todas las posibilidades estéticas, y donde formulaciones científicas precisas encuentran su expresión concreta.

Además, ¿sería posible no asombrarse ante el hecho de nuestra propia existencia, su significado, su función y su propósito? A menos que uno haya determinado ser parcial y fragmentado, difícilmente podría ignorar el misterio de su propia existencia o el misterio del cosmos. Ambos misterios existen, y tal vez son partes de un misterio mayor. En la vastedad del universo, ¡yo soy una pequeña partícula, una nada! Pero también es cierto que soy el centro de mi cosmos. ¿Qué es mi ser?

¿Cómo me relaciono con todo lo que existe? ¿Qué percepción se necesita para que yo pueda ver las verdades de mi nada y mi posición central en una perspectiva adecuada? Este tipo de preguntas no son nuevas; son tan antiguas como la humanidad. En diferentes formas e idiomas, en mitos, ideas, colores, notas musicales y esculturas, estas preguntas han ocupado a los seres humanos de todas partes.

Cuando nos vemos impulsados por las necesidades de la supervivencia, o por las de afirmar nuestro ambicioso ego, podemos olvidar estas preguntas durante periodos cortos o largos. Pero algo en nosotros siempre está profundamente insatisfecho a menos que sigamos regresando a cierta forma de pregunta sobre nuestra propia naturaleza, sobre nuestra relación con otros y con el cosmos. ¿Quién soy? ¿Por qué estoy aquí?

Es difícil imaginar a un ser humano inteligente que no se interese simultáneamente en todo el complejo psicosomático del cosmos y del espíritu que lo anima y lo respalda. Ya sea que esto se considere a la escala de una unidad individual de cuerpo, mente y alma, o a la escala de todo el universo y el Espíritu Cósmico, no es posible ignorar lo que se percibe ni a quien lo percibe.

En el lenguaje del *Bhagavad Gita* (13.2): "El conocimiento del campo y del conocedor del campo es un verdadero conocimiento". En sánscrito, a menudo se usan las palabras *prakriti* y *purusha* para describir los dos ámbitos: *Prakriti* es la naturaleza en todos sus diversos aspectos y niveles de sutileza, lo que incluye los sutiles fenómenos psíquicos y parapsíquicos; es el dominio total de la materialidad y las leyes, todo lo que pueda llegar a ser objeto de estudio, de pensamiento o de percepción.

Purusha, por otra parte, es el que percibe, el yo y el espíritu. Así como existe una unidad subyacente detrás de todas las entidades y procesos naturales, y todos han surgido de la materia sutil común que obedece las mismas leyes, así existe una unidad subyacente detrás de todos los seres que conocen o de todos los estados conscientes. Los estados conscientes individuales se diferencian de un estado consciente común que es más grande, a través de diferentes mentes y cuerpos, que son los instrumentos materiales de la percepción y la acción.

Una de las afirmaciones más contundentes de los *Upanishads* es que *âtman* es *Brahmán*. Esta es una de las llamadas "grandes declaraciones" *(mahâvâkya)* de la tradición de la India: en esencia, el estado consciente individual es idéntico al estado consciente de Todos. O, como Krisha (el Purusha más grande) le dice a Arjuna (que simboliza un estado consciente individual que está despertando): "Conóceme como el Conocedor del Campo en todos los campos" (*Bhagavad Gita* 13.2).

Cualquiera que desee conocer a Krishna, debe aprender a conocer su propio ser interior, pues Krishna no es un ser particular, que nació en este o aquel lugar, que tiene cierta forma o color, sino el Purusha de más alto nivel que está presente en el corazón de todos, el Yo esencial de todos los yo. Se le representa con colores oscuros precisamente porque es misterioso y desconocido. A menudo se le pinta de color azul porque es vasto como el cielo y el océano, como lo es nuestro propio Yo, que según los Upanishads es lo mismo que Brahmán (literalmente, la "Vastedad").

Es necesario enfatizar el hecho de que Krishna es el Yo esencial de todos los yo, de lo contrario puede convertirse en un dios sectario que compite con otros, como ha llegado a ser Jesucristo en el Cristianismo. El Cristo bíblico es un verdadero mensajero del Dios Altísimo, que como los sabios de los *Upanishads* dice que es uno con el Padre (*âtman* es *Brahmán),* y para seguirlo debemos dejar a un lado nuestro yo ordinario y profundizar más en nuestro Terreno olvidado. Pero los cristianos por lo general le asignan a Cristo un yo ordinario con particularidades como nombre, forma y lugar, y lo convierten en un hacedor de milagros sectario y luego creen en él con todo el exclusivismo y vehemencia emocional de un hombre asustado, sustituyendo al ver con el creer, y a la espada de la gnosis con las muletas del dogma.

A pesar de lo paradójico que perezca en la superficie, para llegar al yo interior más profundo (Krishna o Cristo), la mayoría de las personas necesita guía e instrucción. Los diversos caminos y disciplinas espirituales, a menudo muy diversas en sus énfasis y métodos debido a los diferentes periodos y lugares en que se desarrollaron y a los diferentes tipos de psiques a quienes se dirigen, tienen precisamente este objetivo: preparar a quienes buscan para que lleguen a la verdad desnuda y permanezcan frente a ella en los niveles más profundos de su ser, sin ansiedades ni miedos que los obliguen a recurrir a las muletas de alguna doctrina o creencia.

El maestro de zen, D. T. Suzuki dijo: "La Meditación abre la mente del hombre al mayor misterio que ocurre cada día y cada hora; amplía el corazón para que pueda sentir la eternidad del tiempo y la infinitud del espacio en cada latido; nos da una vida en el mundo que es como si estuviéramos en el paraíso; y todas estas acciones espirituales ocurren sin que sea necesario refugiarse en una doctrina, ocurren por el hecho simple y directo de aferrarnos a la verdad que habita en lo más profundo de nuestro ser".

Mientras una persona esté interesada tanto en el espíritu como en el lugar que éste habita, *Brahmán* y *Brahmânda*, su yo interior y el cosmos, *purusha* y *prakriti*, el conocedor del campo y el campo, el ámbito del propósito y el de la acción, no puede menos que interesarse tanto en las tradiciones espirituales como en la ciencia. Aunque, como dice el *Bhagavad Gita* (13.26), todas las existencias, las que se mueven y las que no se mueven, surgen de la unión del campo y el conocedor del campo, los seres humanos están particularmente dotados con la posibilidad de ser conscientes de sí mismos y de su verdadera naturaleza.

El estar consciente de uno mismo tiene muchos niveles y es algo que necesita cultivarse y profundizarse, y no se le debe confundir con ninguna supuesta característica del *Homo sapiens* que en cierta etapa de la historia llegó a ser parte de la naturaleza humana y que ahora se da a la persona en el momento de nacer de manera automática. Además, uno no debe caer en la fácil tentación de pensar que como existe cierto tipo de unidad de espíritu y de cuerpo en todas las criaturas, nada necesita entenderse más a fondo. Citando de nuevo el *Bhagavad Gita* (13.34), se necesita el verdadero discernimiento de las diferencias entre el campo y el conocedor del campo para llegar a la meta suprema de la liberación.

También es bueno recordar que cualquier reconciliación real de las demandas del espíritu con las del cuerpo no es un asunto de abstracciones mentales generales, como la "ciencia" y la "religión". Sólo en un alma única, particular e individual tiene sentido una reconciliación de este tipo. Es sólo en la situación existencial concreta en la que simultáneamente experimentamos e intencionalmente abrazamos las diferentes fuerzas de los dos ámbitos del espíritu y del cuerpo, o de la religión y de la ciencia, donde tenemos la posibilidad de plenitud. De lo contrario, permanecemos fragmentados, pensando en la plenitud o deseando tenerla.

Sin embargo, hay ocasiones en que reflexionamos, como desde afuera, en la ciencia y la religión como actividades culturales y sociales, y consideramos sus procedimientos y suposiciones, sus similitudes y diferencias. Lo primero que una persona nota tanto en las tradiciones espirituales como en la ciencia, es su diversidad interna. No todas las tradiciones espirituales son iguales, y de igual manera, no todas las ciencias son exactamente iguales en diferentes periodos o en diferentes culturas. Por siglos, los Brahmins Ortodoxos lucharon contra el Buda y los Budistas.

En cada tradición ha habido muchos herejes; y muchos de ellos fueron mucho más apasionados y tenían más inspiración divina sobre la Verdad o sobre Dios que los ortodoxos. Con el paso del tiempo, ocurre un endurecimiento inevitable en toda tradición, aunque es obvio que una tradición puede renovarse periódicamente desde dentro, gracias a aquellos que están dispuestos a buscar más allá de los dogmas y las posturas cómodas de las religiones y son capaces de recapturar la vibración original del impulso, a menudo en forma de una nueva era.

En última instancia, un verdadero hijo de Dios no trae enseñanzas nuevas. Una verdadera enseñanza es original pero no novedosa, pues la sabiduría que es eterna no es del tiempo. Es el camino antiguo que se descubre y se revela de nuevo para una nueva generación. "Yo he visto", dice el Buda, "el camino antiguo, la vieja ruta que siguieron los Totalmente Despiertos de antaño, y ese es el camino que yo sigo (Samyutta Nikaya 2.106). En el *Upanishad* más antiguo, Yajñavalkya cita unos versos que para entonces ya eran viejos, y que mencionan "el camino angosto que llega muy lejos", mediante el cual "los sabios son liberados y ascienden" (Brihadranyake Upanishad 44.8). Y nadie se atribuye a sí mismo el honor de ser un sumo sacerdote para sí; es llamado por Dios, como lo fue Cristo a semejanza de Melquisedec (Hebreos 5.1-10).

No obstante, todas las enseñanzas y grandes revelaciones se degeneran; las corrompen personas como nosotros, que se buscan a sí mismas y se dan importancia. Pasamos de la investigación al dogma, de la exploración a la explicación, y de los caminos espirituales a las religiones. En el proceso, una vez más quedamos atrapados en creencias y dudas, en miedos y deseos. Los medios para la posesión y el control nos capturan cuando nosotros estábamos buscando caminos para la libertad y el amor. Como en el antiguo símil del dedo que señala la luna, nosotros, en lugar de alcanzar la transformación de nuestro ser de tal manera que lleguemos a tener una unidad con la luna del espíritu, nos ocupamos continuamente con el dedo exclusivista de las religiones y las sectas.

La ciencia tampoco es igual en todo tiempo y en todo lugar. Las ciencias de China y las de Europa son distintas en sus actitudes fundamentales hacia la naturaleza. Dentro de Europa, existen profundas diferencias en los procedimientos y suposiciones de la ciencia moderna posterior al siglo XVI y las ciencias anteriores. He intentado señalar en otros lugares algunas de las suposiciones de la ciencia moderna que son persistentes y continuas en las ciencias contemporáneas, a pesar de algunas revoluciones de importancia que se han realizado en la ciencia moderna del siglo XX (véase el capítulo 7, "Experiencia y experimento", en este libro).

Permítaseme mencionar aquí sólo tres de estas suposiciones. La primera es que en la ciencia moderna, en total contraste con todas las ciencias tradicionales, se supone que la creación va de abajo hacia arriba. La materia de alguna manera llegó a existir, luego, cronológicamente más tarde y dependiendo ontológicamente de la materia, brotó la inteligencia, y más tarde aún, si es que se le admite en absoluto, de alguna manera llegó el espíritu. En ese sentido únicamente (y no en el sentido de sólo estar interesados en los aspectos inferiores de la vida) todos los científicos son materialistas a nivel profesional; es decir, consideran que la materia es anterior a todo lo demás y que es la base de todo lo que existe.

Para los científicos, es el cuerpo el que tiene al espíritu, mientras que en las cosmologías tradicionales, es el espíritu, quien para sus propósitos y de acuerdo a leyes naturales (no sobrenaturales sino "sutilmente naturales"), asume un cuerpo. Por ejemplo, en todos los idiomas de la India, tradicionalmente se diría que una persona que ha muerto "ha dejado el cuerpo". Se supone que esta persona está ahora en otra forma de existencia, y podría, si fuera necesario según las leyes de *prakriti*, haber reencarnado en otro cuerpo. En resumen, se podría decir que para las cosmologías tradicionales, la materia es espíritu que se ha hecho más burdo, mientras que para la cosmología científica moderna, el espíritu es materia organizada.

Una segunda suposición de los procedimientos científicos modernos es que cualquier cosa que se investigue puede, en principio, someterse al control y la manipulación de los científicos y los técnicos. El tema bajo investigación puede ser una partícula elemental, otra cultura, la mente humana o la percepción extrasensorial, pero la actitud científica general es de manipulación y control. ¿A qué equivale esta insistencia en el control y la manipulación en lo que se relaciona con conocer algo? ¿No garantiza que, por estos medios, no podremos conocer nada que sea más sutil o más inteligente que nosotros, nada que tenga mayor altura que nosotros, si tal ser o tal fuerza no es susceptible a nuestro control? Si los científicos hablan de no tener evidencia de nada superior a los seres humanos, eso es lo que se espera, pues sus procedimientos específicamente excluyen la posibilidad de tal evidencia.

La tercera suposición es el hecho de que, según la metafísica de la ciencia moderna, el estado de ser de los científicos es irrelevante en lo que se refiere al tipo de ciencia que producen (Ravindra, "Ciencia Moderna"). Una suposición relacionada con esto, a la cual se han asignado suficientes fondos para la investigación, es que un científico puede diseñar los experimentos de tal manera que la recolección de datos en sí, precisamente en el punto en que se lleva a cabo la observación, pueda hacerse por computadora. Esto ocurre tanto en la psicología experimental como en la física. El estado o la naturaleza del científico es irrelevante en lo que concierne a la observación, o dicho con más precisión, la ciencia sólo aceptará aquellas observaciones en las que el estado del científico sea irrelevante.

No importa si el que reúne los datos científicos es el Buda o un autómata, sólo se aceptarán los aspectos de sus percepciones que son comunes a ambos. En este empobrecimiento de nuestras percepciones, naturalmente opera un principio inverso. En principio, nada en la ciencia puede cambiar el nivel de ser de alguien; al menos en la ciencia como la conocemos y practicamos en la actualidad. Por otra parte, el cambio del nivel de ser de una persona es la única "raison d'être" de los caminos espirituales.

Señalar estas diferencias entre algunas de las inquietudes y suposiciones fundamentales de las ciencias contemporáneas y las inquietudes de las tradiciones espirituales no equivale a decir que un científico individual no puede abordar la ciencia con el espíritu y la actitud de una disciplina espiritual. La ciencia, como todas las demás actividades, tiene la posibilidad de ser un camino espiritual, una escalera que conecta diferentes niveles de ser, para quienes la practican. Un notable ejemplo contemporáneo de esto es Einstein. Para él, un compromiso con la ciencia ciertamente era un asunto de vocación espiritual, una respuesta a un llamado interior, una forma de liberarse de su egocentrismo. Pero esta actitud es tan posible hoy en día como lo fue hace cien o trescientos años; y se practica tan poco ahora como se practicaba entonces.

Una integración de nuestras tendencias intelectuales y espirituales, o de la ciencia y la religión, como las entendió Einstein y no relacionadas con una denominación o una institución, es esencial para sanarnos y sanar a toda nuestra cultura. No obstante, la reconciliación primaria que se necesita es lograr la armonía entre las diversas aspiraciones de la persona en sí. El *locus* de la reconciliación es el interior del alma de un ser humano individual. Cuanto más se integre un individuo en las diversas facultades, más sabio podría ser en todas sus actividades.

Lo que hace de cualquier profesión una ruta espiritual es la amplitud de la visión con la que se entiende su propósito y los motivos por los que se sigue. Mientras una ocupación esté motivada ante todo por la ambición, por el avance y el engrandecimiento del yo, o por el miedo y la inseguridad, o mientras se lleve a cabo para la gratificación de placeres e inclinaciones personales, no puede llegar a ser un camino espiritual. El estar libre de uno mismo es un requisito necesario para captar la realidad tal como es, no como quisiéramos que fuera.

Sin embargo, la libertad de la subjetividad personal no se logra apelando a una subjetividad colectiva. Una subjetividad colectiva sigue siendo una extensión de uno mismo en un plano horizontal. La verdadera objetividad debe incluir una dimensión totalmente nueva. Cuando Cristo dice: "El que me siga, debe renunciar al yo", está pidiendo un movimiento en el eje vertical del ser. A este respecto, también vale la pena recordar un comentario de Einstein: "El valor de un ser humano se determina ante todo por la medida y el sentido en que ha alcanzado la liberación del yo" (*Ideas y opiniones*).

Cuando una ciencia de hecho sirve como camino espiritual, entonces hay momentos en que uno se siente inundado por lo maravilloso que es todo esto. Permanece frente al misterio lleno de asombro. El misterio es lo que se amplía y se profundiza con la contemplación. No es un misterio tipo "¿quién lo hizo?", que tarde o temprano será resuelto por una nueva teoría, un nuevo indicio o un experimento innovador. No es posible resolverlo, pero se le puede amar y profundizar. Uno llega al misterio de sí mismo y al misterio de todo. Sabe que debe hacer preguntas; tal vez debamos trabajar en la ciencia como otros trabajan escribiendo poesía o creando música. Todo esto es ser humano, y es precisamente la razón por la que el Antiguo, como Einstein en ocasiones llamaba a Dios, deba tener presentes a los seres humanos. Es parte de nuestra existencia humana el que algunos de nosotros deban teorizar para ir más allá de la teoría, el que algunos de nosotros deban intelectualizar para llegar a una tranquilidad mental, y el que algunos de nosotros deban crear música para llegar al silencio.

Capítulo trece

Sanar el alma: Verdad, amor y Dios

¡Om! Guíame de la falsedad a la Verdad
guíame de las tinieblas a la Luz
y de la muerte a la Vida Eterna
(Brihadâranyaka Upanishad 1.3.28)

Verdad y Realidad

¿Quién soy yo? ¿De dónde viene este enorme
flujo cósmico?
Los sabios deben investigarlo con diligencia,
pronto... mejor dicho, ahora
(Mahopanishad 4.21)

Al ver tu cielo, hechura de tus dedos,
la luna y las estrellas, que fijaste tú,

¿qué es el hombre para que de él te acuerdes,
el hijo de Adán para que de él te cuides?
Salmo 8

Las preguntas sobre los seres humanos y su propósito se relacionan íntimamente con las preguntas sobre la naturaleza y el significado del universo. El indagar y buscar la Verdad brota por la maravilla y la belleza de la existencia. El mero hecho de existir, el hecho de que el universo exista y de que haya seres humanos que pueden reflexionar sobre su existencia es un gran misterio. La religión, la ciencia y el arte surgen cuando intentamos entender este misterio. Albert Einstein, el mayor científico del siglo que acaba de terminar, si no es que de todos los tiempos, dijo: "Lo cierto es que detrás de todo trabajo científico de primer orden existe una convicción, similar a un sentimiento religioso, sobre la racionalidad o lo inteligible del mundo".

La verdad sobre nosotros mismos y sobre el cosmos se expresa en obligaciones morales y mandamientos (el *Dharma* en la India, el *Tao* en China y la *Torah* en Palestina), en leyes sociales y en leyes de la naturaleza. La legalidad y el orden son la esencia misma del cosmos, incluso etimológicamente, pues la palabra griega *kosmos* significa "orden" y "ornamento", al igual que "universo". Una de las visiones de las grandes tradiciones ha sido que nuestra naturaleza interna también se apega a la ley, aunque las leyes que gobiernan la naturaleza interna son más sutiles que las que descubrimos cuando estudiamos la naturaleza externa.

La idea de que una persona plenamente desarrollada es un microcosmos que en esencia refleja al gran cosmos, es prácticamente una idea universal. Esta idea implica que el cosmos, además de sus aspectos físicos y biológicos, tiene también aspectos espirituales, como los tienen los seres humanos. Para estudiar rigurosamente estos aspectos espirituales que se relacionan con el significado de nuestra existencia, con su propósito y su relación con todo lo que existe, debemos utilizar medios y procedimientos que son apropiados para estos aspectos espirituales. Estos son precisamente los procedimientos que les interesan a los discípulos espirituales.

En sánscrito, como en muchos otros lenguajes antiguos, hay una palabra que significa al mismo tiempo "verdad" y "realidad". En la invocación que aparece al principio de este artículo, la palabra "Verdad", *sat*, es también "realidad". Sólo lo real es verdadero, y sólo la verdad es real. Cuando vivimos en la fantasía, imaginando esto o aquello, impulsados por el miedo o la importancia personal, la verdad se pierde, y nosotros también. De modo que caemos en las tinieblas y en la fragmentación. Sólo la verdad puede llevarnos a la luz y darnos plenitud. Nada, excepto la Plenitud puede sanar nuestra alma; nada, excepto la Vastedad (Brahmán) puede darnos plenitud, pues se ha dicho: "Nuestra alma no puede encontrar descanso a menos que esté en Dios".

La búsqueda de la verdad puede llegar a ser cada vez más mental y separarse de sentimientos más profundos y más altos como la compasión, un sentido de unidad con todo, y otros similares. Cuando eso sucede, la búsqueda lleva a sentimientos de aislamiento y ansiedad. El miedo y la vanidad tienen algo que ver en este sentimiento de estar aislado de todo lo demás, de otros seres humanos al igual que del resto de la naturaleza. El silencio de los espacios vastos nos asusta si no sentimos profundamente que pertenecemos a todo el cosmos. Gran parte del predicamento moderno brota de esta dedicación a la verdad en forma exclusivamente mental. Después aparecen sentimientos de estar alejados de nosotros mismos, como egos aislados.

La sanación llega del Altísimo

El alma es la cualidad misma de la aspiración que se orienta hacia la Vastedad y busca relacionarse con Ella, de manera muy similar a la forma en que una brújula magnética siempre busca orientarse hacia el polo norte. Sin embargo, los impedimentos, las compulsiones y las fuerzas obstructoras pueden interferir y la persona puede quedar alejada del Altísimo, que siempre y eternamente reside en lo más profundo de cada ser. La integración requiere una disciplina espiritual. Entrar en contacto con el Altísimo es el objetivo de todas las religiones y caminos espirituales, como lo implican las etimologías de estas palabras: *religión* (hacer un nuevo vínculo) y *yoga* ("unión"). Toda verdadera sanación viene del Altísimo, que equivale a decir que viene de lo más profundo de nuestro ser.

Los sabios de todas las grandes tradiciones han dicho en mil maneras que el Amor es una cualidad fundamental del cosmos. No es sólo una cualidad, sino un elemento básico que constituye la Realidad Última. El *Rig Veda* (10.129.4) dice: "En el principio surgió el Amor". Y el Nuevo Testamento afirma: "Dios es amor, y el que habita en el amor habita en Dios, y Dios en él" (1 Juan 4.16). La búsqueda de este gran Amor que está en el corazón mismo del cosmos, es al mismo tiempo el principio y el fin de todos los caminos espirituales, y se expresa como servicio, misericordia, compasión y finalmente como unidad con todos los demás seres. El centro de toda práctica espiritual es liberarse del ego que es egoísta, está aislado y nos aísla, de tal manera que podamos ver con más y más claridad y nos relacionamos con otros, cada vez con más amor y menos egoísmo. El gran sabio contemporáneo de la India, Maharishi Ramana simplemente dijo: "No hay otros". En el último canto del *Paraíso* de la *Divina comedia*, Dante expresa su visión del cielo más sublime:

> Ahí, mi voluntad y mi deseo
> fueron uno con el Amor;
> el amor que mueve
> al sol y a los demás astros.

Las grandes tradiciones han afirmado, en formas maravillosamente distintas, que la Realidad de mayor Altura, a la que se dan diversos nombres, como "Dios", "Primer

Principio", "Mente Original", o simplemente "Eso", es Verdad y Amor. En nuestros días, Mahatma Gandhi afirmaba, casi como si fuera una ecuación espiritual práctica, que se presenta no tanto para predicarla, sino para vivirla, que Dios = Verdad = Amor. La *Teología germánica* (capítulo 31) dice: "Como Dios es bondad sencilla, conocimiento interno y luz, es al mismo tiempo nuestra voluntad, nuestro amor, nuestra rectitud y nuestra verdad, la más profunda de todas las virtudes".

La comprensión de esta verdad, concedida a los sabios más perspicaces de todas las tierras y culturas, no es algo que pueda abstraerse, limitarse o empacarse. Este discernimiento necesita recuperarse, vivirse y celebrarse continuamente. Sólo cuando esta comprensión se vuelve concreta, habrá una abundante vida del espíritu. Todas las disciplinas espirituales tienen que ver con la integración y la plenitud, ante todo con la integración de la Verdad y el Amor. Se requiere Amor para conocer la Verdad, y el conocimiento de la Verdad se expresa mediante el Amor. En el *Bhagavad Gita* (7.17), Krishna dice: "Quien conoce la verdad me ama ardientemente", y también "Sólo a través de un amor constante se me puede conocer y ver tal como soy, y sólo con él se puede llegar a mi interior" (11.54). En tiempos más contemporáneos, el Archimandrita Vasileios del Monte Athos dijo: "Pues si nuestra verdad no se revela en el amor, entonces es falsa. Y si tu amor no fluye de la verdad, entonces no es duradero" (*Himno de Entrada* 26).

Claro que la búsqueda del Amor puede convertirse en un mero deseo personal de comodidad y seguridad, y la búsqueda de la Verdad puede convertirse ante todo en una manipulación tecnológica de la naturaleza al servicio de la milicia o de la industria. Siempre que el amor y la verdad se separan, el resultado es sentimentalismo o intelectualismo seco, en el cual el poder se divorcia de la compasión. La parcialidad siempre lleva consigo las semillas de la violencia y el miedo.

Y así, en nombre de "nuestro Dios amoroso", se ha dado muerte a muchas personas, y a partir de un compromiso con el "conocimiento puro" se han desarrollado muchas armas destructivas. Pero la humanidad de mejor calidad no es así en el campo de las ciencias o en el de las religiones. Los seres humanos integrados de todas las culturas y todos los tiempos, han buscado tanto la Verdad como el Amor, tanto el discernimiento como la responsabilidad, tanto la sabiduría como la compasión. Por encima de la mente, el alma busca la plenitud, y por eso es capaz de ponerse en contacto con la sabiduría y la compasión.

Se pueden ver énfasis diferentes incluso en las grandes tradiciones. Las tradiciones orientadas al discernimiento y a la verdad, como el Hinduismo y el Budismo, tienen descripciones elaboradas de diversos estados conscientes, mientras que en las tradiciones bíblicas, orientadas hacia la fe y el amor, el énfasis se concentra mucho más en los diversos niveles de conciencia. Pueden encontrarse ejemplos de estas diferencias en dos textos tradicionales muy conocidos: *El libro tibetano de los muertos* y *La divina comedia* de Dante. Ambos describen el viaje del alma después de la muerte, y la manera de cultivar una calidad de vida correcta.

Si examinamos este asunto con una simpatía crítica, veremos que esta diferencia importante entre las tradiciones bíblicas y las de la India (una de las cuales enfatiza la conciencia y la otra el estado consciente), se relaciona con otra importante diferencia entre estas dos corrientes principales de espiritualidad. En las tradiciones bíblicas, la causa del predicamento humano es la afirmación de la voluntad del yo humano que se opone a la voluntad de Dios, que se revela en sus mandamientos. "Nada arde en el infierno excepto la voluntad del yo", dice la *Teología germánica* (capítulo 34). Y toda la exquisita agonía de la Cruz (el camino de Cristo) está en sus últimas palabras en el huerto de Getsemaní: "Si es posible, que pase de mí este cáliz. Pero que no se haga mi voluntad, sino la tuya" (Marcos 14.36). En las tradiciones de la India, por otra parte, la causa de las dificultades humanas es la ignorancia, que a su vez produce sufrimiento (*dukka*) e ilusión (*mâyâ*). En las tradiciones bíblicas, se pide la sumisión de nuestra voluntad en obediencia a la voluntad de Dios; en la tradición de la India, lo que se pide es la espada de la gnosis (*jñana*), que cortará el nudo de la ignorancia.

De lo anterior brota otra diferencia fundamental. En las tradiciones de la India se considera que aferrarse a una individualidad separada, en cualquier sentido definitivo, es ignorancia; mientras que en las tradiciones bíblicas una falta de individualidad, incluso en la presencia de Dios, se considera una irresponsabilidad. En un caso, el énfasis general tradicional está en gran medida en la unidad con todo lo que existe, mientras que en el otro el énfasis está en el carácter único de los seres humanos en relación con todas las demás criaturas, y de cada persona en relación a las demás.

Las palabras "unidad" y carácter "único" brotan de la misma raíz; pero su significado es muy diferente. Las tradiciones que tienen el ideal de la unidad están orientadas al discernimiento y han desarrollado mucha sabiduría respecto a diversos niveles de estados conscientes. Estos niveles siempre se relacionan con niveles de estabilidad en la atención y grados de claridad en la percepción. Las tradiciones que favorecen el carácter único, están orientadas a la fe y a la obediencia y tienen mucho que decir sobre la responsabilidad individual y la conciencia moral que corresponden a la calidad de la conducta virtuosa o a los niveles de gravedad de los pecados. En un caso se enfatizan los niveles de estados conscientes, y en el otro los niveles de conciencia. (Es casi innecesario decir que todas las grandes tradiciones contienen casi todo lo que tienen las demás tradiciones; las diferencias están ante todo en los énfasis primordiales).

Es posible, aunque no es ni generoso ni perspicaz, convencerse de que la mitad de los sabios del mundo han entendido mal el asunto, y que la otra mitad ha encontrado la verdad. Claro que en cuanto se usan ciertas maneras de expresión en un contexto cultural y lingüístico, se crea un dinamismo tradicional. Sólo las maneras de expresión y los términos que usan los grandes maestros de esa tradición les parecen apropiados a sus seguidores. Esta preferencia no es en sí dañina, pero surgen problemas cuando, en cualquier tradición, los seguidores dogmáticos insisten en que la Verdad sólo puede expresarse de una manera.

Todos los grandes maestros han dicho, en una u otra forma, que las experiencias que nos acercan a Dios, a la Verdad, al Nirvana, a Brahmán o al Último no se pueden expresar en el lenguaje de los niveles inferiores, y que con el fin de poder experimentar lo Real, se necesita una transformación radical de la conciencia o del estado consciente, un renacimiento espiritual. Los sabios han expresado verdades significativas en diferentes formas, a menudo limitadas por las capacidades de sus discípulos y por el lenguaje específico que se utilice, para enfatizar lo que ellos encontraron útil.

Lo específico del contexto lingüístico no puede enfatizarse demasiado. En algunos casos, por ejemplo en el francés y en el español, sólo hay una palabra que corresponde a las palabras inglesas "consciousness" y "conscience" (en francés, *conscience*, en español "conciencia"). El despertar de la conciencia es el sentimiento de estarse preparando para una expansión del estado consciente. No es posible alcanzar un nivel más alto de estado consciente sin alcanzar un nivel más alto de conciencia. Por otra parte, quienes están en contacto con los niveles más altos del estado consciente, naturalmente manifiestan grandeza de corazón. La capacidad de "incluir" y la compasión identifican al sabio, así como un tipo especial de fragancia indica la presencia de una rosa.

Las grandes tradiciones siempre están en lo correcto, si se les entiende bien. Pero casi siempre se les entiende mal, especialmente cuando se toman a nivel externo y parcialmente, con un énfasis exagerado en la especulación racional o en la devoción sentimental. Si las tradiciones no se hubieran entendido mal, Krishna, el Buda y el Cristo no habrían desafiado con tanta fuerza a los guardianes oficiales de las tradiciones en las que ellos nacieron. Vemos que continuamente se traiciona a las tradiciones, y no sólo eso, vemos que las propias tradiciones traicionan a la Verdad. De hecho, las palabras *tradición* y *traición* tienen la misma raíz, la palabra latina *traditio*: "la acción de entregar". Siempre que una interpretación escolástica congela una tradición y la convierte en una formulación rígida, a pesar de lo liberadora que haya sido alguna vez, y a pesar de lo que se le haya alabado a lo largo de los tiempos, es necesario recordar las palabras de Krishna: "Al Brahmin [el que busca a Brahmán] que realmente sabe, los Vedas [textos sagrados] le son tan útiles como lo sería un pozo rodeado de agua." (*Bhagavad Gita* 2.46.)

Sanar al alma

El alma no es sólo el campo de la lucha entre nuestra naturaleza carnal y nuestra naturaleza espiritual, también es la facultad de percibir esa lucha, lo que se manifiesta ante todo en la capacidad de reflexionar sobre nosotros mismos y en el hecho de aspirar a orientarnos hacia la plenitud. Aunque, desde el punto de vista metafísico, tal vez uno quisiera afirmar que cada ser humano, por el mero hecho de ser humano, tiene un potencial para el conocimiento interno o para reflexionar sobre sí mismo. Así, en un sentido pragmático, no todos tenemos un alma; y quienes la tienen, no siempre tienen acceso a ella.

Por otra parte, nuestra alma puede refinarse cada vez más; en otras palabras, la capacidad de conocimiento interno puede cultivarse. Las grandes tradiciones enfatizan mucho la atención que se da al mundo interior. El *Upanishad* más antiguo, el Brihadranyaka (1.4.15) dice: "La vida ha sido inútil para quien se va de este mundo sin haberse dado cuenta de su propio mundo interior; la vida se quedó sin vivirse, como los Vedas que no se recitan o cualquier acción que no se llevó a cabo".

Las tradiciones han puesto mucho énfasis en el conocimiento de uno mismo, el tipo de conocimiento que transforma y sana al alma. Las palabras escritas en la parte superior de la antigua biblioteca de Osimandias, rey de Egipto, significaban "la cura del alma". El conocimiento de uno mismo es un requisito para el conocimiento de Dios, por no decir que son sinónimos. Según Plutarco (*Moralia*), la inscripción de Delfos: "conócete a ti mismo", es una orden que Dios dirige a todos los que se acercan a Él. Los seres humanos ven "la naturaleza de Brahmán a través de la naturaleza de su propio yo, como con una lámpara", dice el *Upanishad* Shvetshvatara (2.15). Plotino (*Enneads* 5.3.9) dijo: "Quienes tratan de penetrar la naturaleza de la Mente Divina deben entrar profundamente a la naturaleza de sus propias almas, a la parte más divina de ellos mismos". De hecho, parece que el único camino hacia Dios es el conocimiento de uno mismo, el morir al yo superficial y nacer para un yo más profundo. Es obvio que existen diferencias en cuanto a los detalles y el énfasis, pero no existe otro punto en el que haya mayor unanimidad de principios entre los diversos maestros de desarrollo espiritual. Una de las frases de Jesucristo, no contenida en los textos canónicos, es: "El Reino de los Cielos está dentro de ustedes y quienes se conozcan a sí mismos lo encontrarán. Y habiéndolo encontrado, ustedes mismos sabrán que son hijos y herederos del Padre, el Todopoderoso, y sabrán que están en Dios y Dios está en ustedes. Y ustedes son la Ciudad de Dios" (Happold, *Misticismo*).

Es obvio que hay niveles de conocimiento de uno mismo que corresponden a un desarrollo o a una profundización del ser. Diferentes tradiciones se refieren a estos niveles en diversas formas: como una montaña de siete pisos, como los peldaños de una escalera, o como niveles de estados conscientes. En nuestro interior, en el nivel de la humanidad ordinaria, donde por lo general estamos, hay confusión y caos. Somos como "la mar agitada cuando no puede calmarse, cuyas aguas lanzan cieno y lodo" (Isaías 57.20). Tenemos deseos en conflicto, y nuestras compulsiones tienen un flujo constante; no hay nada duradero, nada que pueda llamarse adecuadamente "yo". Como dijo Pascal: "No somos otra cosa que mentiras, duplicidad, contradicción; y nos ocultamos y nos disfrazamos de nosotros mismos" (*Pensées*).

Sólo en lo más profundo existe la posibilidad de mayor comprensión, integración y plenitud. Sólo en un estado de sosiego, compostura, apertura y alerta podemos conocer algo de manera objetiva. En todos los demás estados, nuestro aparato preceptor está fuera de tono e introduce su propio ruido, que brota de distracciones y aflicciones internas o externas. Nada que descifremos en estos estados dispersos es finalmente digno de confianza. Uno de los propósitos de las diversas escuelas espirituales es ayudar a los seres humanos a repararse para llegar gradualmente a un estado en el que estén preparados, libres de deseos, expectativas y miedos subjetivos. Mientras sigamos produciendo nuestros ruiditos, no podremos escuchar realmente. Sólo cuando existe silencio en el interior, podemos encontrarnos con lo que es real.

En un estado purificado e integrado, al que se llega después de una larga y difícil travesía espiritual, podemos descubrir nuestro yo más profundo, al que los sabios dan diferentes nombres: "el espíritu del alma" (Eckhart), *acumen mentis (*Hugh of St. Victor), "centro del alma" (Santa Teresa de Ávila), "chispa del alma" (San Jerónimo), "la persona divina que está más allá del más allá" (Upanishad Mundaka). Todos estos son intentos de dar un nombre a algo que no tiene nombre, pero como dijo Eckhart: "Es imposible de expresar al Dios que carece de nombre; y de la misma manera, es imposible expresar al alma en su terreno, pues es imposible de expresar.... Para medir al alma, debemos medirla con Dios, pues el terreno de Dios y el terreno del alma son uno y el mismo" (Ancelet-Eustache, *El maestro Eckhart*).

Sanar el alma es al mismo tiempo encontrarla, refinarla, ordenarla bien, armonizarla con lo que es sutil y real, de lo cual depende el mundo manifiesto. Por tanto, el conocimiento transformador de uno mismo es al mismo tiempo un descubrir y un esculpir el alma. Los sabios a menudo declaran que un alma así es eterna, que siempre ha estado ahí, desde el principio, pero siempre amenazada por la fragmentación y la perdición. Decir que los seres humanos están hechos a imagen de Dios es una afirmación que se refiere a lo Real, no a lo existente. Para que lo existente refleje lo Real se necesita trabajo y disciplina espiritual, un yoga. En el proceso de ese trabajo, el alma se sana y encuentra su propio lugar dentro del Todo.

Es muy natural que el hecho de sanar el alma lleve a sanar a nuestro planeta y, en realidad, a todo el cosmos. La correspondencia entre el microcosmos y el macrocosmos no se aplica a cada ser humano. Se dice que sólo la persona totalmente desarrollada *(mahâpurusha)* puede reflejar a todo el cosmos. Para llegar a ser una persona con ese nivel de desarrollo y plenitud, se requiere la transformación del yo natural. Después, no sólo descubrimos que somos uno con el cosmos en su materialidad física y biológica, o en su legitimidad, sino que también el cosmos es uno con nosotros y tiene muchos aspectos interiores y espirituales.

En nuestros esfuerzos por encontrar el conocimiento objetivo, que es la gran aspiración de la ciencia, no podemos eliminar a la persona ni al alma. En realidad, lo que se necesita es un engrandecimiento del ser de la persona, libre de lo meramente personal y subjetivo. Para realmente comprender, uno necesita ser comprensible. Esto no requiere de una extensión horizontal de más y más conocimiento, sino de una transformación vertical que nos permita participar en el ser universal. Una persona que se ha transformado en esta forma, naturalmente es capaz de incluir y de ser compasiva.

A medida que la práctica de una disciplina espiritual nos libera del miedo y de la vanidad, podemos llegar a percepciones cada vez más claras, de modo que podamos ver las cosas como son en realidad, cosas del tiempo subordinadas a la eternidad. Esas percepciones purificadas revelan la realidad objetiva, que ciertamente no sólo incluye lo que podemos medir, sino también aquello que es capaz de medir nuestro propio ser. Esas percepciones siempre llevan consigo un sentido de significado universal que se deriva de su participación en el Misterio. Este es un ejemplo tomado de "Augurios de Inocencia" por William Blake:

> Ver al mundo en un grano de arena
> y al cielo en una flor silvestre,
> sostener al infinito en la palma de tu mano
> y abarcar la eternidad en una hora.

El yoga espiritual, sea del Este o del Oeste, no es sectario e incluye todo. Por tanto, Cristo dijo: "Créeme mujer, que llega la hora en que, ni en este monte, ni en Jerusalén adoraréis al Padre. Pero llega la hora (ya estamos en ella) en que los adoradores verdaderos adorarán al Padre en espíritu y en verdad" (Juan 4.21, 23-4). Cada yoga espiritual busca la realización del ser transformado, un *mahâpurusha*. Tales personas están profundamente acordes con su propio centro al igual que con el del cosmos, y manifiestan a la Primera Persona Universal. Tales personas aman lo que conocen. Sólo ellas pueden conocer sin oposición ni separación, pues están libres de todo deseo de controlar o manipular. Una persona cuya alma está sana, es decir, que tiene plenitud, es naturalmente sabia.

Además del desprendimiento (y la falta de orgullo que lo acompaña) y los sentimientos naturales de compasión y amor, que son característicos de todos los sabios, existe un rasgo del que rara vez se habla. Un sabio ve simultáneamente la unidad de todas las cosas y el carácter único de cada una de ellas. Es imposible no captar la aparente paradoja que hay aquí. Sin embargo, estamos hablando de las experiencias de los sabios y no de las limitaciones de nuestras mentes ordinarias.

Es un hecho de la existencia y la conducta de los sabios que, en relación con otros, ellos están conscientes de que cada ser humano es una manifestación de Una Energía Divina, pero que al mismo tiempo cada persona presenta un potencial único (y las dificultades especiales correspondientes) y es una maravillosa expresión única de la Vastedad. Cada persona se relaciona con la unidad, pero ninguna persona puede reemplazar a otra. El Único es único en cada manifestación. El sabio ve a todos y a todo tanto como parte de la unidad con la Fuente, y como algo totalmente único en sí mismo.

TÍTULOS DE ESTA COLECCIÓN

Aceites y Velas Angélicas. *Fils du Bois*
Brujería. *Tamara*
Cómo Preparar Talismanes. *Nick Farell*
Duendes, Gnomos, Hadas, Trolls... *Varios*
El Esplendor de los Cristales de Cuarzo. *J. Dent*
El Godspel Escondido.
El Libro de los Símbolos. *Koch R.*
El Oráculo de las Runas. *Lawrence Cecil*
El Péndulo. Todo Acerca de Ellos. *Jared O'Keefe*
El Tarot. Sus Claves y Secretos. *Rut-Gar*
El Verdadero Camino del Cristal. *Simon y Sue Lilly*
Elige tu Pareja con la Astrología. *Amanda Starr*
En Busca de la Pareja Ideal. *Claire Savard*
Gnostisismo. *Stephan A. Hoeller*
Guía Completa de la Quiromancia. *Batia Shorek*
Isis Mágico. *M. Isidora Forrest*
Jugando con las Cartas Predices tu Futuro. *H. Morag*
Karma, Destino y Profesión. *Nanette V. Hucknall*
La Ciencia y lo Sagrado. *Ravi Ravindra*
La Esencia Curativa de los Árboles. *Simon y Sue Lilly*
La Fuerza de los Talismanes y Amuletos. *L. Cecil*
La Magia en tus Manos. *Brian Snellgrove*
Las Velas y su Magia. *Feu du Bois*
Los Aromas y su Magia. *Fils du Bois*
Los Colores y su Magia. *Fils du Bois*
Los Inciensos y su Magia. *Fils du Bois*
Los Magnetos. *L. H. Rutiaga*
Los Números y su Magia. *Martin Ituarte*
Los Secretos del Péndulo. *Ralph Rutti*
Magia Blanca. *Tamara*
Misterios de la Luna. *Jan Brodie*
Mi Primer Libro de Tarot. *Kris Hadar*
Nuestro Arco Iris... El Aura. *L. H. Rutiaga*
Numerología Día a Día. *Lia Robin*
Pentagrama Esotérico. *Filius Nemus*
Recetario Mágico. *Marco Antonio Villasana*
Recetas Mágicas. *Horacio Polanco*
Símbolos del Alma. *Gina Lake*
Trabajando con la Energía de Merlín. *Geoff Hughes*
Tratado de las Artes Adivinatorias. *Anthony Tate*
Tu Fortuna en una Taza de Café. *Sophia*
Yi Ching. Ilustrado. *Richard Wilhelm*

Impreso en los talleres de
OFFSET VISIONARY, S.A. DE C.V.
Hortensia 97-1 Los Angeles Iztapalapa
Tel.: 56-13-17-24 México, D.F. C.P. 09830